Nur ein paar Stündchen

Nix wie raus, ganz schnell ins Grüne. Auch mit wenig Zeit lässt sich Großartiges erleben. Kleine und große Abenteuer warten direkt vor der Haustür.

4H

Raus für einen Tag

Man muss nicht das Land verlassen, um neue Welten zu entdecken. Einfach mal einen Tag lang raus aus dem Alltagsallerlei und rein in die Natur.

12H

Ferien für ein Wochenende

Warum auf die große Auszeit warten, wenn man einen Wochenendtrip in der Nähe machen kann? Vergnügen, Abenteuer und Wohlgefühl kompakt und intensiv.

36H

Abenteuer

ESKAPADEN

AUSZEIT

AUSGLEICH

Wochenende

LÄCHELN

STADT. LAND. FLUSS.

LEICHTIG-KEIT

FREE

ERLEBEN

GRÜN

kleine Fluchten

Wege

Lebensfreude

NATUR

GLÜCK

von Barbara Riedel

LIEBE LESERIN, LIEBER LESER,

die Fränkische Schweiz, der Frankenwald und das Fichtelgebirge sind Regionen voller Sagen und Mythen. Die zerklüfteten Felsenlandschaften, Ruinen, Schlösser und Burgen sorgen für schier grenzenlose Ausflugsmöglichkeiten. Langweilig wird es hier sicher nicht!

Ob beim Radeln, Wandern oder auf dem Wasser ... in Oberfranken warten stets Wow-Momente, während man immer wieder die Perspektiven wechselt und die Region aus einem neuen Blickwinkel erkundet. Denn draußen unterwegs zu sein lädt die Batterien auf und macht den Kopf frei für Neues. So bringen die Touren stets eine Auszeit und Urlaubsgefühl mit sich.

Viele wunderbare Eskapaden wünscht Ihnen, dir und euch

Barbara Riedel

PS: Informationen zum GPX-Download gibt's auf Seite 224.

AUSZEIT.
ABENTEUER.
LEBENSFREUDE.

1. KAPITEL ABSTECHER

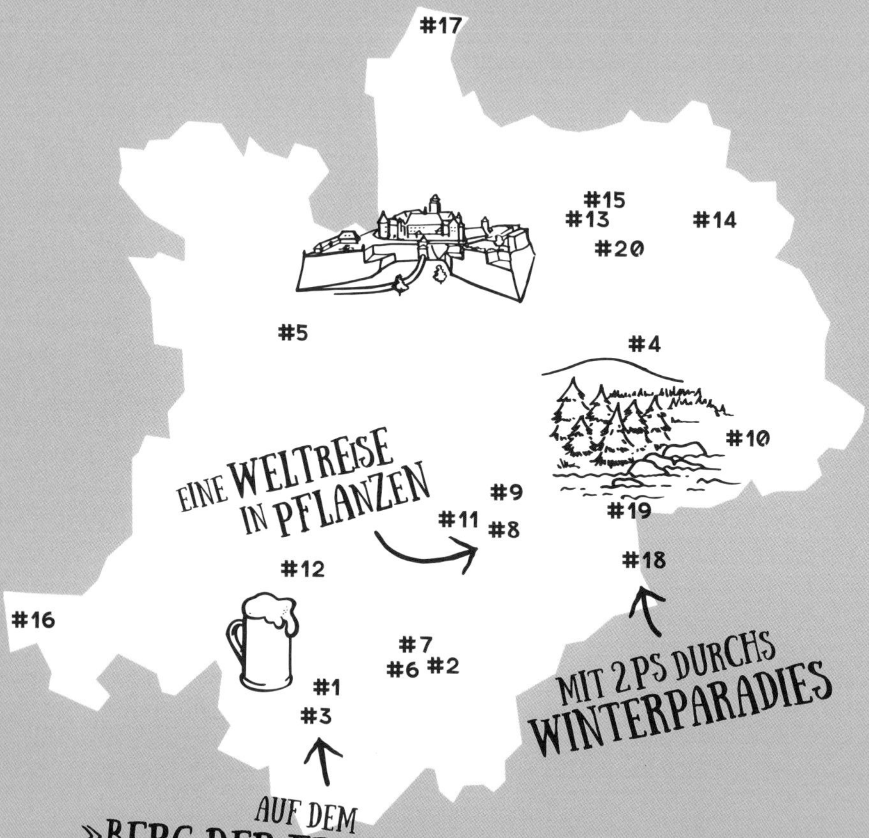

Nur ein paar Stündchen

Von der Kirschblüte betören lassen, auf den Jurafelsen wandern oder entspannt in den Tag starten – die kleine Auszeit ist ganz nah.

4H

→ ABSTECHER …

IM BLÜTEN-PARADIES

… rund um Pretzfeld

#1 *Jedes Jahr im April verwandelt sich die Landschaft rund um Pretzfeld in ein weißes Blütenmeer. Denn hier befindet sich das größte zusammenhängende Süßkirschengebiet. Und zwar von ganz Mitteleuropa. Der Pretzfelder Kirschenweg führt mitten hindurch.*

Start des Kirschenlehrpfads ist an der Kirche St. Kilian und schon bald gelangt man aus dem Ort hinaus und hinein in die Natur. Der Wanderweg ist das ganze Jahr über schön, aber im April führt er durch ein wahres Blütenmeer. Ob einfach genießen oder mit der Kamera jeden Moment festhalten ... hier kann man richtig in die Umgebung eintauchen. Auf Erklärtafeln am Wegesrand erfährt man ganz nebenbei Wissenswertes über den Kirschenanbau. Nach etwa einem Kilometer ist der Kirschenhain durchquert und der Pretzfelder

Brauereien haben Bier früher in kühlen Kellern gelagert und gerne direkt darüber einen Ausschank eingerichtet. Daher spricht man in Franken noch heute vom Bierkeller und nicht vom Biergarten.

Keller erreicht. Mit Blick über den Ort und die Kirschbäume kann man sich hier eine fränkische Brotzeit gönnen. Danach warten rechts und links des Weges die alten Keller, nach denen der Biergarten benannt ist. Diese werden instand gehalten und sind in Privatbesitz.

Nun geht es steil bergauf. Oben angekommen, wartet der jüdische Friedhof. Hier wurden bis zum 19. Jahrhundert die Mitglieder der jüdischen Gemeinde beerdigt. Der Blick durch den Zaun und über die Grabsteine hat etwas Magisches. Auf einem Schild wird erklärt, dass die Geschichte der Pretzfelder Juden um 1326 begann. Damals verbesserten Adelige ihre finanzielle Situation, indem sie jüdischen Familien gegen Gebühr Schutz gewährten. Bis Ende des 16. Jahrhunderts haben so sieben Familien nach Pretzfeld gefunden, nicht einmal vierzig Jahre später waren es bereits über 30. So kam es, dass 1623 eine Synagoge und eine jüdische Schule gebaut wurden. Dort steht bis heute das jüdische Ritualbad, die Mikwe.

Weiter spaziert man durch den Wald. Die nächsten Erklärtafeln drehen sich rund um Flora und Fauna der Fränkischen Schweiz. Der Weg ist gut ausgeschildert und so sind bald die Sinterkaskaden des Weißenbachs erreicht. Von hier folgt man deren Ausläufern immer bergab bis nach Lützelsdorf. Der Trubach wird über eine kleine Brücke überquert und nun geht es nur noch auf einem flachen Weg geradeaus bis nach Hagenbach. Sowohl vor als auch nach dem Ort säumen Kirschbäume den Wanderweg. In Nullkommanix ist Pretzfeld auch schon wieder erreicht, wo der Weg sein Ende findet.

Hin & weg: Am besten mit dem Auto zur Pretzfelder Kirche St. Kilian. Dort darf man am Straßenrand zwei Stunden mit Parkscheibe parken. Die Straße rauf (entlang des Wanderwegs) kann man entweder am Friedhof parken oder am Fränkischen Keller. Wer mit dem ÖPNV anreist, nimmt die RB 22 ab Forchheim und ist in 15 Min. in Pretzfeld. Vom Bahnhof zur Kirche St. Kilian sind es nur 300 m.

Beste Zeit: Jederzeit, aber am besten während der Kirschblüte oder wenn die Kirschen reif sind.

Dauer & Strecke: Ca. 3 Std. für 10 km.

Ausrüstung: Wettergerechte Kleidung und Kleingeld zum Einkehren.

FAZIT: EIN ECHTES WEG-HIGHLIGHT – VOR ALLEM ZUR KIRSCHBLÜTE, UND WENN DIE FRÜCHTE REIF SIND.

→ ABSTECHER …

SONNEN-UNTERGANG MIT WEIT-BLICK

… auf der Himmelsleiter bei Pottenstein

#2

Wer einen besonderen Blick aus luftiger Höhe über die Fränkische Schweiz genießen möchte, sollte den Aussichtsturm Himmelsleiter ansteuern. In etwa 25 Metern Höhe wartet dort eine Panoramaplattform im futuristischen Look.

#hochhinaus #Treppensteigen #SunsetTime

200 Tonnen Beton und 80 Tonnen Stahl wurden benötigt, um den Funkturm mit Aussichtskanzel zwischen Pottenstein und Elbersberg zu errichten. Er wurde 2014 gebaut und die Plattform musste mit einem Kran auf das fertige Treppengerüst aufgesetzt werden, nachdem man sie am Boden zusammengesetzt hatte. Es dauerte nicht lang, bis sich die Kunde von dem neuen Turm herumsprach und er zu einem der beliebtesten Panoramahighlights in der Fränkischen Schweiz avancierte.

Der Weg von der Kapelle in Elbersberg zur Himmelsleiter ist eben und sehr leicht zu finden. Wenn sich die Sonne bereits dem Horizont nähert, erlebt man ein herrliches Licht in dem kurzen Waldabschnitt, der durchquert werden muss. Sobald sich der Wald lichtet, ist auch schon die Aussichtskanzel durch die Zweige zu erahnen.

Imposant erhebt sich der Turm mit seinen insgesamt 37 Metern über die Baumwipfel. Dann gilt es, die 150 Stufen zu erklimmen. Wer nicht so fit ist, kann auch in Etappen lau-

---

Hin & weg: Am besten mit dem Auto zum Wanderparkplatz an der Kapelle von Elbersberg fahren. Vom Parkplatz aus sind es 1,8 km auf dem markierten Wanderweg mit dem blauen Längsbalken. Wer mit öffentlichen Verkehrsmitteln anreist, fährt mit der Buslinie 392 von Pegnitz zum Feuerwehrhaus in Elbersberg. Von dort sind es 550 m zur Kapelle.

Beste Zeit: Immer, aber am besten zum Sonnenuntergang.

Dauer & Strecke: Ca. 40 Min für Hin- und Rückweg vom Parkplatz. Ausblick genießen nach Lust und Laune.

Ausrüstung: Dem Wetter angepasste Kleidung. Auf dem Aussichtsturm kann es windig sein, also lieber noch eine Windjacke mitnehmen.

Nicht nur vom Turm ist die Aussicht herrlich. Auch von unten kann man wunderbar den Sonnenuntergang genießen.

fen, da die Treppe immer wieder durch kleine Plattformen unterbrochen ist, auf denen man stehen bleiben und ausruhen kann. Oben angekommen, weisen kleine Schilder die Richtungen, in denen die nächsten Orte liegen: Pottenstein ist natürlich ausgeschildert, aber auch das 46 Kilometer entfernte Nürnberg und das 40 Kilometer entfernte Bamberg.

Wer nicht nur in die Ferne blickt, sondern auch auf das Feld, das direkt an den Aussichtsturm angrenzt, kann erkennen, dass frühere Besucher ihre Namen oder Formen wie Herzen in Übergröße aus Steinen gelegt haben.

Zurück am Boden kann noch ein letztes Mal die Aussicht genossen werden – zum Beispiel von einer der Parkbänke, die dafür bereitstehen – bevor es auf gleichem Weg zum Ausgangspunkt zurückgeht.

FAZIT: PERFEKT FÜR EINEN ROMANTISCHEN SPAZIERGANG IM LETZTEN LICHT DER SONNE.

→ ABSTECHER …

IM GENIEßER-LAND

… rund ums Walberla bei Forchheim

#3

Nur wenige Kilometer östlich von Forchheim liegt eine Erhebung, die die Franken oft liebevoll als »ihren Berg« ansprechen. Im Volksmund wird er gerne auch einfach Walberla genannt, obwohl der Tafelberg mit den zwei Gipfeln eigentlich Ehrenbürg heißt.

#aufdenTafelberg #Genusstour #WandernfürdieSeele

Das Walberla sticht mit seiner markanten Erscheinung klar hervor.

Über dem ruhigen Wiesenttal thront erhaben die Ehrenbürg. Als einzige Erhebung sticht sie aus der Umgebung hervor und ist gleichzeitig einer von nur zwölf Tafelbergen in Deutschland. Sie besteht aus den beiden Gipfeln Rodenstein und Walberla, die auf 532 bzw. 512 Metern liegen. Auf dem Walberla wartet die wohl namensgebende Walburgis Kapelle aus dem 17. Jahrhundert, die der Heiligen Walburga gewidmet ist.

Der Rundweg startet in Kirchehrenbach. Vom Parkplatz oberhalb des Restaurants und Cafés Zum Walberla führt ein asphaltierter Weg bergauf. Bald wartet die Belohnung für die Mühe: Beim Blick über die Schulter kann man sich am Panorama der Landschaft um Forchheim erfreuen. Dann ist schon die Hochebene erreicht, wo man von der Heiligen Walburga

Die Ehrenbürg war früher eine keltische Siedlung und später eine christlich geweihte Stätte.

in Form einer Bronzefigur begrüßt wird. Rundherum ruht die Fränkische Schweiz mit ihrer schönen Landschaft. Vorsicht ist geboten, wenn man die zerklüfteten Felsen an den Rändern des Plateaus erkunden möchte: Dort geht es teils steil abwärts.

Weiter in Richtung Süden gelangt man zum etwa 750 Meter entfernten zweiten Gipfel der Ehrenbürg, dem Rodenstein. Der Weg führt durch eine Senke. Zahlreiche Funde wie Steingeräte oder Keramikscherben bezeugen, dass es hier bereits um 4000 v. Chr. Siedlungen gegeben hat. Dann ist nach einem letzten Aufstieg der höchste Punkt der Tour erklommen. Von hier ist erst richtig gut sichtbar, dass das Walberla ein Tafelberg ist. Anders als am Walberla ist am Rodenstein sogar Klettern erlaubt.

Bergab geht es nach Schlaifhausen. Die am Südwesthang der Ehrenbürg liegende Siedlung wurde 1362 erstmals urkundlich erwähnt und blickt somit auf eine lange Geschichte zurück. Der Wanderweg streift den Ort und immer geradeaus kommt man so zum Ausgangspunkt der Wanderung zurück.

FAZIT: EIN MALERISCHER UND EINZIGARTIGER WANDERWEG, DER VIELE SCHÖNE AUSBLICKE VERSPRICHT.

Hin & weg: Am besten mit dem Auto zum Wanderparkplatz oberhalb des Restaurants und Cafés Zum Walberla navigieren. Der Parkplatz liegt direkt am Weg. Mit öffentlichen Verkehrsmitteln kann man den Bahnhof von Kirchehrenbach ansteuern, der zum Beispiel von Forchheim mit der RB 22 erreichbar ist.

Beste Zeit: Das ganze Jahr über, aber am besten, wenn die Kirschbäume blühen.

Dauer & Strecke: Ca. 2 Std. für die Wanderung mit 6,5 km.

Ausrüstung: Wetterfeste Kleidung und eventuell Kleingeld zum Einkehren.

GUTEN MORGEN, SONNE!

... auf dem Großen Waldstein

#4

Zwischen bizarren Felsformationen thront mitten im Naturschutzgebiet der sogenannte Aussichtsturm Schüsselfelsen. Die Geländer sind aus Holz, die Treppe aus Stein, und so fügt sich alles in die Umgebung ein. Einer der meistbesuchten Aussichtspunkte im Fichtelgebirge.

#Sonnenaufgang #unterwegsimNaturschutzgebiet #treppauftreppab

Kein Wunder, dass der Große Waldstein um 1800 zu einem Naherholungsgebiet wurde!

→ ABSTECHER ...

Das Panorama ist atemberaubend. Das wusste man bereits im 19. Jahrhundert und hat den Großen Waldstein generell als Erholungsraum angesehen. Hier kam man her, um den Blick auf die Heimat zu genießen, über Gott und die Welt zu sinnieren oder auch um Theater zu spielen. Heute ist der Gipfel ein Naturschutzgebiet und mit den dort gelegenen Resten von West- und Ostburg beschäftigt sich die Denkmalpflege.

Auf dem Gipfel in 877 Metern Höhe befindet sich ein Aussichtspunkt – der Schüsselfelsen. Wie eine Schüssel sieht er aber gar nicht aus. Sein Namensgeber wurde nämlich beim Bau des Aussichtsturms zerstört. Bis Anfang des

19. Jahrhunderts gab es hier eine Verwitterungsmulde, die auf natürlichem Wege auf dem Felsenturm entstanden war, und manchmal mit Regenwasser volllief, woraufhin sie anfing zu stinken.

1810 kündigte der bayerische König Maximilian II. seinen Besuch an, um den berühmten Blick ins Fichtelgebirge von diesem Felsen erleben zu können. So begannen die Bürger mit Ausbesserungsarbeiten auf dem Großen

Wer den Aufstieg zum Schüsselfelsen mit einer Wanderung verbinden will, kann von Weißenstadt einen sieben Kilometer langen Rundweg gehen.

Waldstein. Am Ende war nur noch die Verwitterungsmulde übrig. Der Beschluss war klar: Da man dem König so einen Schandfleck nicht bieten wollte, wurde die Mulde am Rand abgemeißelt und dann mit Schutt aufgefüllt.

Hin & weg: Am besten mit dem Auto zur Gaststätte Waldsteinhaus. Von dort sind es noch 10 bis 15 Min. zu Fuß zum Gipfel. Die Gaststätte verfügt über einen Biergarten und eine Ladestation für E-Bikes.

Beste Zeit: In den Sommermonaten, am besten, wenn die Sonne aufgeht.

Dauer & Strecke: Ca. 20 bis 30 Min. Wanderung für Hin- und Rückweg einplanen. Aussicht genießen und Fotos machen nach Belieben.

Ausrüstung: Auf das Wetter abgestimmte Kleidung und eine Windjacke, da es morgens in der Regel frisch und windig ist. Kleingeld zum Einkehren im Waldsteinhaus.

Zu guter Letzt wurde darauf ein Häuschen errichtet, das ursprünglich sogar Fenster aus Glas hatte, die in den bayerischen Landesfarben bemalt wurden.

Der angekündigte Besuch des Königs fand am Ende gar nicht statt. Dieser unterlassenen Stippvisite ist es aber zu verdanken, dass jeder, der sich an die Stufen heranwagt, den Ausblick auf das Fichtelgebirgs-Hufeisen und die Münchberger Senke genießen kann. Ein Ausblick, der vor allem bei Sonnenaufgang süchtig macht.

FAZIT: DIE BRENNENDEN OBERSCHENKEL SIND ES WERT! DIE AUSSICHT IST FANTASTISCH UND DIE FOTOS WERDEN SUPER.

→ ABSTECHER ...

RASANTE ABFAHRT

... rund um Lichtenfels

#5

Einfach durchs freie Gelände sausen. Über schmale Pfade durch Felder, Wälder und Wiesen düsen. Jeder Mountainbike-Fan kommt voll auf seine Kosten, sobald er erst mal abseits der befestigten Straßen ist. Das geht zum Beispiel auf den MTB-Fun-Trails in Lichtenfels!

#Mountainbiken #downhill #überStockundüberStein

Los geht es am Parkplatz am Waldrand an der Alten Coburger Straße. Durch den Wald führt ein Weg langsam hinauf in Richtung des 398 Meter hohen Gipfels des Herbergs. Kurz bevor dieser erreicht ist, zweigt der Weg nach rechts ab. Schon aus der Entfernung kann man durch die Blätter der Bäume einen Turm erkennen.

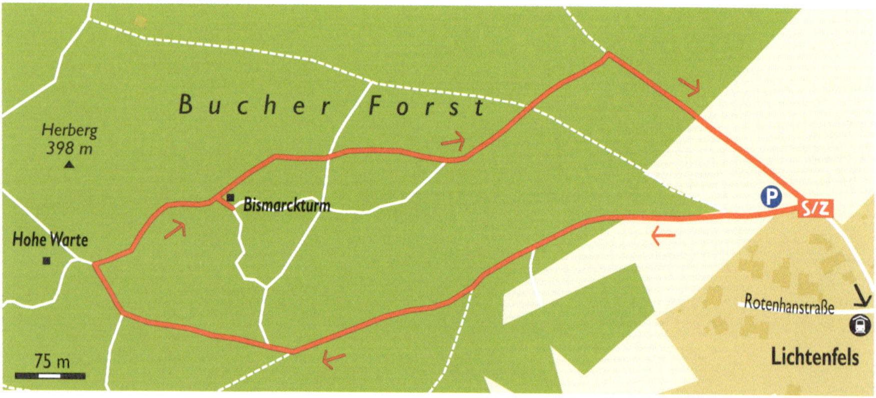

MTB-Fun-Trails gibt es übrigens nicht nur in Lichtenfels. Im Rest von Oberfranken warten 13 weitere!

Dieser wurde 1904 als Aussichtsturm eingeweiht und ist im Lauf der Zeit unter verschiedenen Namen bekannt gewesen. Über dem Eingang verkündet die Inschrift »Verschönerungsverein Lichtenfels 1903«, wer für den Bau des 20 Meter hohen Turms verantwortlich war. Ursprünglich erhielt er den Namen Sieges-Aussichtsturm und sollte der Lichtenfelser Krieger der Jahre 1870/1871 gedenken. Für 10 Pfennig konnte man die 100 Stufen bis zur Aussichtsplattform erklimmen. Der 1933 offiziell in Bismarckturm umbenannte Turm ist heute vor allem als Hohe Warte oder Herbergturm bekannt. Seit 2011 ist er dauerhaft geschlossen und nicht mehr begehbar. Schön anzusehen ist er dennoch! Am Turm vorbei beginnt der MTB-Trail. Über 500 Meter führt er immer wieder auf und ab durch den schönen Lichtenfelser Wald. Gegen Ende kann man an Geschwindigkeit zulegen. Der Wind weht einem ins Gesicht, während Wurzeln und Gefälle kleine, aber natürliche Sprünge erlauben.

Hin & weg: Mit dem Auto zum Parkplatz an der Alten Coburger Straße navigieren lassen, der den Beginn des Rundwegs darstellt oder mit der Regionalbahn von Bamberg zum Bahnhof Lichtenfels. Von dort sind es keine 2 km bis zum Start.

Beste Zeit: Zwischen April und Oktober.

Dauer & Strecke: Ca. 15 Min. für die kleine Rundfahrt. Umgebung erkunden und verschiedene Abfahrten entdecken nach Lust und Laune. Weitere Trails gibt es auf www.trailguide.net

Ausrüstung: MTB-Equipment und gute Laune.

Und schon kommt der letzte Sprung und der kurze Track findet sein Ende. Nach rechts ist der Parkplatz nicht einmal 250 m entfernt. Für Anfänger dürfte das schon genug gewesen sein. Fortgeschrittene können einfach noch einmal hinauf zum Gipfel fahren und von dort eine schwierigeren Route wählen. Wer noch mehr Mountainbike-Spaß sucht, kann auf der anderen Seite von Lichtenfels weitere Trails erkunden.

FAZIT: VOR ALLEM FÜR ANFÄNGER IST DIESER TRAIL PERFEKT. WER SICH ETWAS MEHR ZUTRAUT, FINDET ABER AUF DEM HERBERG EBENFALLS GEEIGNETE ABFAHRTEN.

BALTHASAR -
NEUMANN - RUNDWEG

WANDERN IM WALL-FAHRTSORT

... in Gößweinstein

#6

Wen es in die Fränkische Schweiz zieht, der kommt an Gößweinstein kaum vorbei. Der malerische Ort ist vor allem bekannt für seine Burg und die Wallfahrtsbasilika des berühmten Architekten Balthasar Neumann, der auch Namensgeber des schönen Rundwegs ist.

#imZeichenderDreifaltigkeit #imWallfahrtsort #WanderungmitAussicht

Der Ausblick vom Hochkreuz wird so schnell nicht langweilig. Besonders schön ist es, ihn im Wandel der Jahreszeiten zu erleben.

Es gibt einige Gründe, Gößweinstein als Reiseziel zu wählen. Der 4000-Seelen-Ort kann mit Baudenkmalen, Museen und Aussichtspunkten aufwarten. Idyllisch liegt er über dem Wiesenttal, durch das auch die historische Dampflok fährt. Auch zwei Fernwanderwege führen durch die Marktgemeinde - der fast 2000 Kilometer lange Fränkische Marienweg und der 500 Kilometer lange Frankenweg - sowie der oberfränkische Jakobsweg.

Die Dreifaltigkeitskirche wurde 1730 bis 1739 gebaut und gilt als spirituelle Mitte der Fränkischen Schweiz. Den Ehrentitel Basilika erhielt die Wallfahrtskirche jedoch erst Mitte des 20. Jahrhunderts von Papst Pius XII. Nach ihrem Erbauer ist auch ein Wanderweg benannt: der Balthasar-Neumann-Rundweg.

Start ist direkt unterhalb der Burg. Sie wurde im 11. Jahrhundert errichtet und war wahrscheinlich das Vorbild der Gralsburg in Parsival von Richard Wagner. Die Burg selbst liegt 100 Meter oberhalb von Gößweinstein auf einem Jurafelsen.

Über einen Pfad gelangt man zur Wagnershöhe, einem kleinen Pavillon. Von dort führt der Weg in einem engen Bogen am Ortsrand entlang und dann hinauf zum Kreuzberg, dem Endpunkt des Kreuzwegs der Wallfahrer und dem wohl beliebtesten Aussichtspunkt über dem Markt. Hoch oben wartet das sogenannte Hochkreuz, das den steilen Felsen krönt. Der Blick reicht über Gößweinstein mit Burg und Basilika und das Wiesenttal sowie die nördliche Fränkische Schweiz.

Vorbei an der Ölberggrotte bringt einen der Rundweg dann zum Gernerfels, der ein beliebtes Ziel für Kletterer ist und wie ein Turm mit seinen 16 Metern Höhe dasteht. Von hier kann man die Aussicht über Gößweinstein aus einem anderen Winkel genießen. Und keine Angst: Natürlich gibt es auch Treppen! Der Fels muss nicht in Kletterausrüstung erklommen werden.

Danach führt der Weg zurück zum Ausgangspunkt, und wer möchte, kann den Wallfahrtsort besichtigen, den man gerade umrundet hat, oder in einem der Hotels bzw. Restaurants einkehren.

Die Kapuzinerhöhle ist eine der vielen Höhlen in und um Gößweinstein. Da hier regelmäßig Aufführungen stattfinden, ist sie besser bekannt als Theaterhöhle.

FAZIT: KURZ, ABER KNACKIG UND COOL!

Hin & weg: Am besten mit dem Auto nach Gößweinstein. Im Ort und am Ortseingang gibt es mehrere kostenpflichtige Parkplätze. Mit öffentlichen Verkehrsmitteln erreicht man Gößweinstein zum Beispiel mit der Buslinie 389 ab Ebermannstadt.

Beste Zeit: Jederzeit.

Dauer & Strecke: Ca. 1 Std. für die 3,5 km.

Ausrüstung: Etwas Kleingeld zum Einkehren und eine Kamera, um die schöne Aussicht festzuhalten.

Fränkische
Schweiz-
Museum

→ ABSTECHER …

ÜBER DEN DÄCHERN DER STADT

... auf den Felsen von Tüchersfeld

#7

Fast schon surreal muten die Fachwerkhäuser an, die an die imposanten Felssäulen gebaut wurden, als wäre es das Normalste auf der Welt. Nicht umsonst nennt sich Tüchersfeld »das Felsendorf«. Bei einer Wanderung auf den Felsen über der Stadt ist es, als wäre man in einer Postkarte gelandet.

#Postkartenmotiv #hochhinaus #WanderungmitAussicht

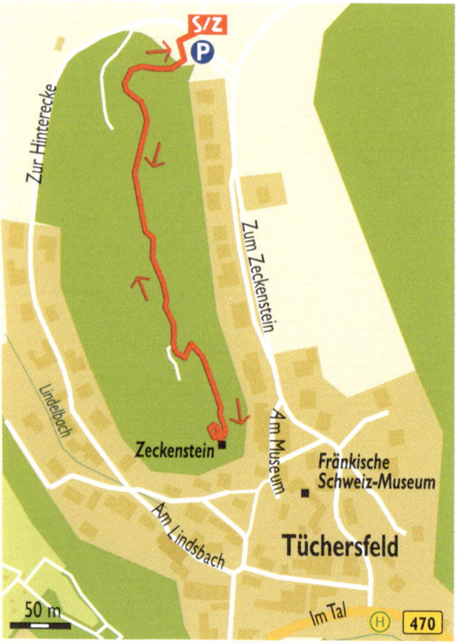

Eigentlich stammen die Felsüberbleibsel aus dem Jura. Vor rund 200 Millionen Jahren befand sich Mitteleuropa nach einem Anstieg des Meeresspiegels nämlich unter Wasser. Und da, wo heute die Felstürme von Tüchersfeld stehen, wuchsen vor Urzeiten Riffe auf dem Meeresgrund. Die so entstandenen Riffkomplexe wurden durch das Meerwasser zu dem besonders harten Frankendolomit.

Wer mehr zu dem Thema erfahren möchte, kann ins Fränkische Schweiz-Museum in Tüchersfeld gehen, das direkt an der beeindruckenden Felsburg steht. Dahinter weht stolz eine Fahne im Wind. Dies ist der Fahnenstein auf dem Zeckenstein. Um sich einmal zu fühlen, als wäre man Teil einer Postkarte, bietet sich eine Wanderung dorthin an. Am besten startet es sich am Parkplatz am Ortsausgang

Wer den vermutlich meistfotografierten Ort der Fränkischen Schweiz von oben bestaunen will, kommt um diese Wanderung nicht herum!

Richtung Unterailsfeld. Von dort lockt der Weg über eine Treppe in einen Wald. Die kurze Wanderung geht erst bergauf und dann überraschenderweise wieder bergab. Die Hausdächer von Tüchersfeld kommen erstaunlich nahe, dafür dass das Ziel der Wanderung doch in luftiger Höhe liegt. Aber keine Sorge, am Ende wartet schon noch der steile Aufstieg nach oben, sodass man schnell Höhenmeter gewinnt. Eine Treppe führt durch einen kleinen Tunnel und letztendlich zum Gipfel.

Oben wartet eine Aussichtsplattform und über einen Steg erreicht man den Teil mit der besten Aussicht, der mit der Fahne gekrönt ist. Der Blick hinab auf das malerische Dorf zeigt die roten Ziegeldächer der Fachwerkhäuser. Das Fränkische Schweiz-Museum ist ebenfalls zu sehen. Die Felstürme erscheinen von oben ähnlich skurril wie von unten, aber die Mühe des Aufstiegs hat sich gelohnt. Dieser Blick ist etwas ganz Besonderes.

FAZIT: HIER ERGEBEN SICH EINZIGARTIGE FOTOMOTIVE. BEIDE DAUMEN HOCH!

Hin & weg: Mit dem Auto zum Wanderparkplatz am Zeckenstein oder mit der Buslinie 389, die zwischen Pegnitz und Ebermannstadt verkehrt.

Beste Zeit: Am besten zwischen April und Oktober, da die Stufen bei Nässe oder gar Eis gefährlich rutschig sein können.

Dauer & Strecke: Ca. 30 Min. für die Wanderung von 1 km. Ausblick genießen, so lange man mag.

Ausrüstung: Festes Schuhwerk und natürlich eine Kamera, um die schöne Aussicht festzuhalten.

'Director George T.Moore'
Nymphaeaceae

→ ABSTECHER …

IN 12 000 SPEZIES UM DIE WELT

… in Bayreuth

#8 *Eine kleine, aber besondere Weltreise ermöglicht der Botanische Garten in Bayreuth. Auf 16 Hektar kann die Pflanzenwelt der ganzen Erde bestaunt werden. Das Motto lautet »entdecken – erklären – erhalten« und so warten hier die natürlich gestalteten Lebensräume von 12 000 Pflanzenarten.*

#Pflanzenkunde #Weltreisemalanders #BotanikmachtSpaß

Wer mehr über die gezeigte Flora und Fauna erfahren möchte, kann auch an einer geführten Tour teilnehmen.

Der Botanische Garten in Bayreuth gehört zur Universität und ist auf der einen Seite ein Ort der Forschung und Lehre. Nicht zuletzt sollen bedrohte Tier- und Pflanzenarten hier geschützt und ihr Erhalt gesichert werden. Auf der anderen Seite dient er als Naherholungsgebiet, ein öffentlicher Raum, um sich zu erholen und gleichzeitig mehr über Flora und Fauna zu lernen.

Auf 16 Hektar Freigelände und 6000 Quadratmetern Gewächshäuser nimmt der Garten seine Besucher mit auf eine Reise. Von Nordamerika nach China, Japan und Korea und vom Himalaja weiter nach Europa. So wandert man durch Wälder, Heidelandschaften, Moore, Steppen oder Dünen. Und das alles an einem Nachmittag.

Exotische Pflanzen sorgen für Urlaubsstimmung und bieten eine Umgebung, in der man den Alltag ganz einfach hinter sich lassen kann. Im Herbst wird zudem ein echtes Naturschauspiel geboten. Denn wenn das Blattwerk von Eiche, Ahorn und Amberbaum in strahlendem Rot und Gelb leuchtet, erlebt man den Indian Summer genau hier - mitten in Oberfranken. Neben dem Nutzpflanzengarten gibt es für die Kleinen ein großes Highlight: Ein inoffizieller Streichelzoo wartet mit weidenden Schafen.

In einem Garten ganz im Süden des Geländes wachsen mehr als 700 Nutzpflanzen, Heilpflanzen und Wildkräuter. Im Sommer kann man hier auch mal ein Coburger Fuchsschaf beim Weiden beobachten. In einem Wäldchen liegt außerdem ein Barfußparcours, wo man die verschiedenen natürlichen Untergründe

---

Hin & weg: Mit dem Auto direkt zum Botanischen Garten. Gegenüber der Gartenzufahrt sind Parkplätze vorhanden. Wer mit öffentlichen Verkehrsmitteln anreist, kann vom Hauptbahnhof Bayreuth die Buslinie 316 bis zum Campus nehmen.
Die Haltestelle heißt Universitätsverwaltung.

Beste Zeit: Ganzjährig schön. Wiederholungstäter können die Fauna und Flora der drei Kontinente so auch im Wandel der Jahreszeiten bewundern.

Dauer & Strecke: Nach Lust und Laune.
Infos zu Öffnungszeiten & Co. gibt es hier unter www.obg.uni-bayreuth.de

Ausrüstung: Entdeckerlust und gegebenenfalls eine Picknickdecke, um die exotische Umgebung in Ruhe auf sich wirken zu lassen.

Dank der guten Beschilderung findet man sich auf dem riesigen Gelände jederzeit zurecht und verpasst auch keines der vielen Highlights!

unter den Füßen selbst spüren kann. Holzliegen und Bänke um die vielen kleinen Teiche und Tümpel laden zu einer Pause ein. Wer eine Picknickdecke im Gepäck hat, hat die Gelegenheit, es sich gemütlich zu machen.

Der Garten ist zum Verweilen gedacht, zum Ruhefinden, zum Genießen. Und so bietet der Botanische Garten genau die richtige Mischung aus einem lehrreichen Ausflug und einer Portion Ruhe und Frieden.

FAZIT: WER DIE FAUNA UND FLORA RUND UM DEN GLOBUS ENTDECKEN WILL, OHNE DAFÜR IN DEN FLIEGER ZU STEIGEN, IST IM BOTANISCHEN GARTEN BAYREUTH GENAU RICHTIG.

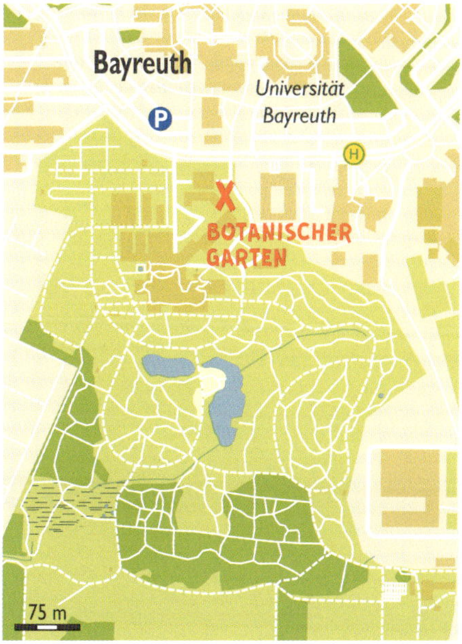

→ ABSTECHER ...

BYE BYE, SONNE!

... auf der Hohen Warte in Bayreuth

#9

Der Sonne Auf Wiedersehen sagen und die einbrechende Nacht willkommen heißen ... Der Sonnenuntergang ist für viele die schönste Zeit des Tages. Besonders gut genießen kann man ihn auf der Hohen Warte in Bayreuth – einem geschichtsträchtigen Siegesturm.

#SunsetViews #Siegesturm #AbstecherinBayreuth

Der Ausblick von der Hohen Warte ist vor allem zum Sonnenuntergang ein Ort für Verliebte.

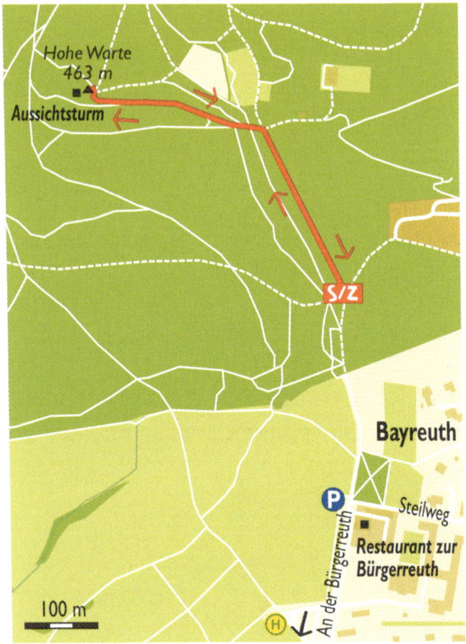

Die 17 Meter hohe Hohe Warte erlaubt einen Rundumblick über Bayreuth und an guten Tagen sogar bis in die Fränkische Schweiz und ins Fichtelgebirge. Nur einen kleinen Spaziergang von etwa 500 Metern über einen leicht ansteigenden Waldweg ist sie vom

---

Hin & weg: Am besten mit dem Auto auf den Parkplätzen oberhalb des Festspielhauses parken. Alternativ ist man mit der Buslinie 305 in nur 3 Min. vom Hauptbahnhof Bayreuth an der Haltestelle Am Festspielhaus.

Beste Zeit: Immer bei gutem Wetter.

Dauer & Strecke: Laufzeit ca. 20 Min. für 1 km hin und zurück. Sonnenuntergang genießen: nach Lust und Laune.

Ausrüstung: Um den Tag mit einer schönen Aussicht ausklingen zu lassen, braucht es keine spezielle Ausstattung.

Über 97 Stufen führt eine Wendeltreppe im Inneren des Turms nach oben.

Festspielhaus entfernt und somit in nicht einmal zehn Minuten gut erreichbar. Eine Orientierung bietet dabei auch die Markierung des Markgrafenweges: ein blauer Querstrich auf weißem Grund.

Der Wanderweg ist zwar insgesamt 26 Kilometer lang, führt aber genau den Weg zwischen Festspielhaus und Hohe Warte entlang. Den ganzen Markgrafenweg kann man ja im Hinterkopf behalten und an einem Tag laufen, an dem es mal ein bisschen mehr sein darf. Den Weg zur Hohen Warte kann man hingegen auch ganz wunderbar nach Feierabend noch unterbringen.

Schon von Weitem ist der Turm durch die Blätter der Bäume zu erspähen. Dort angelangt besagt eine Inschrift auf einer Tafel: »Dem Ruhme der deutschen Siege 1870/71 und dem ehrenden Andenken an die gefallenen Bayreuther Söhne geweiht«.

Der Turm wurde 1874 eröffnet, während sich ganz Deutschland in patriotischer Laune befand. Zur ewigen Erinnerung an die Opfer im Deutsch-Französischen Krieg, dem dritten und letzten der deutschen Einigungskriege, wurden sogenannte Siegestürme errichtet. Einer von ihnen steht auf dem damals »Auf dem spitzen Stein« genannten Gipfel in Bayreuth.

Der Turm aus Sandstein ist ein schönes Ausflugsziel und verwandelt sich vor allem während des Sonnenuntergangs in einen romantischen Spot mit Rundum- und Weitsicht. Wer Glück hat, erlebt Bayreuth in einem herrlichen Abendrot. Von der Beliebtheit der Hohen Warte zeugen auch die Liebesschlösser, die an dem Gitter angebracht sind, das die Besucher davor bewahren soll, in die Tiefe zu stürzen.

Der Rückweg erfolgt auf gleichem Wege, und wer nach einem farbenfrohen Sonnenuntergang Hunger verspürt, kann diesen im Ristorante Zur Bürgerreuth stillen, bevor es zurück nach Hause geht.

FAZIT: FÜR JEDEN SONNENUNTERGANGS-FAN EIN ABSOLUTES MUSS!

→ ABSTECHER …

INMITTEN VON STEIN-RIESEN

… im Felsenlabyrinth Luisenburg

#10

Kleine Schluchten und hohe Granitfelsen bestimmen das Bild. Steinerne Giganten reihen sich mystisch aneinander. Im Felsenlabyrinth Luisenburg wartet eine zerklüftete und gleichermaßen atemberaubende Felsenlandschaft, die zu den größten Europas gehört.

Das Felsenlabyrinth ist das größte natürliche Labyrinth Europas. Vom Bundesstein, dem höchsten Punkt, kann man es ein wenig überblicken.

Es ist eine Mischung aus Natur und menschlichem Eingreifen. Denn dort, wo einst eine steinerne Wildnis herrschte, befindet sich heute ein Landschaftsgarten. Ende des 18. Jahrhunderts beschlossen die Bewohner von Wunsiedel nämlich, das über 300 Millionen Jahre alte Gelände aus Granitsteinen zu formen, das bis zu diesem Zeitpunkt nicht wirklich begehbar, sondern ein angsteinflößender Ort gewesen war. Sprengungen und Einebnungen waren die Folge, wodurch diese einzigartige Kulisse geschaffen wurde. Anders als in anderen Landschaftsgärten ist hier jedoch die Rohheit der Natur noch erlebbar.

Die Bezeichnung als Felsenlabyrinth wurde von Johann Wolfgang von Goethe geprägt, der 1785 und 1820 das steinerne Meer besuchte. Vor allem geologisches Interesse brachte ihn hierher. Der von ihm gewählte Name hat sich bis heute gehalten, genauso wie seine Theorien über die Verwitterung von Granit. Dabei kommt man sich heute keineswegs wie in einem Labyrinth vor. Blaue Pfeile zeigen den Weg nach oben an und rote den nach unten. Verloren gehen kann man hier eigentlich nicht.

Sich in der Schönheit der Natur zu verlieren ist hingegen sehr leicht. An 25 thematischen Stationen kann über eine App zudem jede Menge Wissenswertes gesammelt werden. Und so vergehen die zwei Stunden wie im Fluge, auch wenn es 100 Höhenmeter zu überwinden gilt. Vorbei an Orten wie dem Luisensitz, der Burgtreppe oder dem obligatorischen Goethefelsen, führt der Rundweg zunächst stets aufwärts. Doch wer an dem eindrucksvollen Aussichtspunkt Bundesstein mit dem Kreuz angelangt ist, der vergisst das Brennen in den Beinen ganz schnell.

Danach geht es auch schon wieder bergab und erst gegen Ende wartet noch ein ganz besonderes Highlight: Der Insel Helgoland genannte Punkt ist ein wahrer Kraftort voller Mystik. Auf einem mit Wasser umgebenen Felsen steht ein Holzpavillon, der über eine Treppe erreichbar ist, die ebenfalls aus Holz ist. Lässt man das Helgoland des Fichtelgebirges hinter sich, ist das Ende des Rundgangs nahe und man kehrt zurück an den Ausgangspunkt.

Auch ein Stück Stadtgeschichte hält das Labyrinth bereit. So versteckt sich hinter dem unscheinbaren Namen »Insel Helgoland« eine Anspielung auf napoleonische Zeit.

FAZIT: WER NACH EINEM MYSTISCHEN ORT FÜR EINEN KURZEN ABSTECHER SUCHT, AN DEM ES VIEL ZU ENTDECKEN GIBT, WIRD IM FELSENLABYRINTH FÜNDIG!

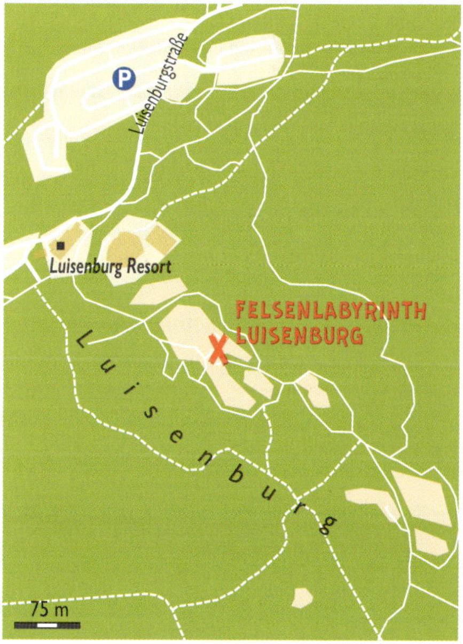

Hin & weg: Kostenpflichtige Parkplätze stehen direkt unterhalb des Felsenlabyrinths zur Verfügung. Der Bahnhof Wunsiedel ist ca. 10 km entfernt.

Beste Zeit: Bei gutem Wetter zwischen April und Mitte November.

Dauer & Strecke: Laufzeit ca. 1–2 Std. für den Rundweg von 1,4 km. Je mehr man gucken will, desto mehr Zeit sollte man einplanen.

Ausrüstung: Festes Schuhwerk und Kleingeld für Parkplatz und Eintritt. Mehr Infos unter www.wunsiedel.de > Tourismus & Freizeit > Gärten & Parks.

GRÄFLICH DIE SONNE GENIEßEN

... am Schloss Fantaisie bei Bayreuth

#11

In der beschaulichen Bayreuther Gemeinde Donndorf befindet sich ein ganz besonderer Ort. Einst Sommerresidenz der Markgrafen ist das Schloss Fantaisie mit der dazugehörigen Gartenanlage heute ein schönes Ausflugsziel für sonnige Tage.

#Sommerrefugium #Parkanlage #RokokoundEmpfindsamkeit

An den tanzenden Wasserspielen kann man sich zwischen Mai und Oktober tagsüber immer zur vollen Stunde erfreuen.

1761 beginnt die Geschichte des Schlosses Fantaisie mit der Idee des Markgrafen Friedrich von Brandenburg-Bayreuth, einen Rückzugsort für die heißen Tage des Jahres zu errichten. Er hatte auf einer einjährigen Reise nach Italien Eindrücke von Villen und Parkanlagen gewonnen, die er nun umsetzen wollte. Selbst erlebte er die Fertigstellung jedoch nicht mehr. Seine einzige Tochter, Prinzessin Friederike, erbte seinen Besitz und richtete Schloss und Garten nach ihren Vorstellungen her. Sie war es auch, die das Schloss Fantaisie taufte.

Der Park ist eine großzügige Anlage, die die Stile des Rokokos und des Historismus widerspiegelt. Zu jeder vollen Stunde erwacht das Wasser in Brunnen und Wasserkaskaden zum

Leben. Dann plätschert es über Sandsteinmuscheln hinab und spritzt tanzend aus den Mündern und Mäulern von Fabelwesen sowie dem Dreizack des mächtigen Poseidon. In den verwinkelten Ecken, gruseligen Katakomben und Felsformationen entdeckt der geneigte Besucher die Liebe zum Detail in diesem besonderen Garten. Nach mehreren Besitzerwechseln, die alle Umbauten vornahmen, und verschiedensten Nutzungen unter anderem

Die Laubengänge spenden im Sommer wohltuenden Schatten und damit einen schönen Rückzugsort.

als Reichsschule und inzwischen als Gartenkunstmuseum ist von dem ursprünglichen Schloss wenig erhalten. Der Park hingegen wurde bepflanzt, das Labyrinth wurde wieder angelegt und die Wasserkaskaden mit den Sandsteinmuscheln und Fabelwesen wieder hergerichtet. So kann der Rokokogarten dank der Restaurierungsarbeiten in den 1990er Jahren heute so erlebt werden, wie ihn die Prinzessin fertiggestellt hatte. Ihr zu Ehren wartet daher auch ein kleiner Weg in einem erweiterten Teil des Gartens namens Fantaisiewald, der von einem Weiher mit begehbarer Insel zum Felsentor Franzosenbruck zu einem kleinen Bergsee am Fuße eines Siegesturms führt.

Hin & weg: Das Schloss Fantaisie ist von Bayreuth in etwa 20 Min. mit dem Auto zu erreichen. Neben dem Schloss warten Parkplätze. Wer mit öffentlichen Verkehrsmitteln anreist, kann die Buslinien 8231, 8433, 8446 oder 8449 nach Donndorf nehmen und an der Haltestelle Fantaisie aussteigen.

Beste Zeit: Das Schloss ist von April bis Mitte Oktober geöffnet. Öffnungszeiten und Eintrittspreise für das Schloss laut Website www.gartenkunst-museum.de. Der Zugang zum Park ist kostenfrei.

Dauer & Strecke: Nach Lust und Laune.

Ausrüstung: Gute Laune und vielleicht eine Picknickdecke und Snacks.

FAZIT: WER ENTSPANNT DURCH EINEN PARK SCHLENDERN UND DABEI GESCHICHTE ZUM ANFASSEN ERLEBEN MÖCHTE, DER IST IM GARTEN DES SCHLOSSES FANTAISIE GENAU RICHTIG!

NATUR-GENUSS

... in der Fränkischen Schweiz

#12

Weite Felder, beschauliche Wälder und malerische kleine Dörfer mit Fachwerkhäusern und schmalen Holzbrücken. Auf dem Natur- und Kulturradweg präsentiert sich die Fränkische Schweiz von ihrer idyllischsten Seite.

#draußenzuhause #Naturpur #WälderundFelder #RadelninsGlück

Das hübsche und beschauliche Königsfels ist einer der ältesten Orte der Region.

→ ABSTECHER ...

Los geht es in Herzogenreuth, einem Kirchdorf mit rund 160 Einwohnern. Die Bezeichnung Kirchdorf rührt daher, dass Herzogenreuth eine Kirche hat, die auch von umliegenden Dörfern mitbenutzt wird. Der Ort ist schnell durchquert und ein üppiges Feld erreicht. Um das nächste Dorf, Lindach, führt der Radwanderweg herum.

Nach einer kurzen Strecke bergauf, radelt man stetig bergab und durch ein Wäldchen hindurch, das an heißen Tagen wohltuenden Schatten spendet. Nach dem hübschen Zoggendorf ist der Heiligenstädter See erreicht. Wer möchte, kann sein Rad abstellen und sich eine kleine Abkühlung gönnen. Ein Steg lädt dazu ein, die Füße im Wasser baumeln zu

lassen. Dann ist es nicht mehr weit bis Heiligenstadt. Die Marktgemeinde ist älter als das Bistum Bamberg, das 1007 gegründet wurde. Funde belegen sogar, dass die ersten Siedlungen um die Zeit der Völkerwanderung, also rund um das Jahr 500, entstanden. Das Marktrecht erhielt die Gemeinde jedoch erst im 16. Jahrhundert.

Nach Heiligenstadt wartet eine von zwei längeren Steigungen. Allerdings wird man, noch während man in die Pedale tritt, mit einem herrlichen Blick auf Schloss Greifenstein belohnt. Wer genug Zeit mitgebracht hat, kann den Umweg in Kauf nehmen und das Schloss besichtigen. Allerdings ist dies nur im Rahmen einer geführten Tour möglich. Gute Planung ist also Voraussetzung!

Nach dem großen Anstieg geht es über Stücht und dann durch Felder und Wälder nach Königsfeld, einer Gemeinde mit knapp über 1000 Einwohnern. Am Ortsausgang lädt eine Parkbank zu einer Verschnaufpause ein. Eine Tafel, die als Pfarrer-Funk-Denkmal bekannt ist, erinnert an die Ermordung des Kirchenmannes während des Überfalls durch die Schweden im Jahr 1632.

Nach gerade einmal zwei Kilometern ist Huppendorf erreicht. Hier steht die letzte Brauerei der Gemeinde, die mit ca. 12 000 Hektolitern Ausstoß pro Jahr zu den größten des Landkreises Bamberg gehört. Wer einkehren möchte, findet hier die perfekte Möglichkeit. Zuletzt geht es über Laibarös zurück nach Herzogenreuth zum Ausgangspunkt.

Auf diesem Radweg erlebt man die Vielfalt der Natur: Es geht durch ruhige Wälder und idyllische Felder an kleinen Orten vorbei.

FAZIT: NATUR PUR! WER EINFACH NUR RADELN MAG, IST HIER GENAU RICHTIG.

Hin & weg: Wer das Rad aufs Auto packen kann, parkt in Herzogenreuth. Alternativ fährt die Buslinie 975 von Bamberg nach Herzogenreuth. Fahrräder können nach Verfügbarkeit mitgenommen werden.

Beste Zeit: Von April bis Oktober ist die Strecke gut befahrbar. Von November bis März ist es je nach Witterung auch möglich.

Dauer & Strecke: 2,5 Std. für 33 km.

Ausrüstung: Fahrrad-Equipment, Sonnenschutz und eventuell Kleingeld zum Einkehren. Wer sich für den Ausflug ein E-Bike leihen möchte, kann dies bei Bamberg & Rad tun (www.bambergundrad.de/fahrradverleih). Von Bamberg aus kann man entweder direkt fahren oder mit dem Bus nach Herzogenreuth gelangen.

→ ABSTECHER …

EINE SAGEN-HAFTE WELT

… in Schwarzenbach am Wald

#13

Lebensgroße geschnitzte Figuren zieren den fünf Kilometer langen Skulpturenweg in Schwarzenbach am Wald. Er hält allerlei Interessantes für Wanderer bereit, die in die Welt der Sagen und Mythen, aber auch in die Geschichte der mittelalterlichen Stadt eintauchen wollen.

#SkulpturenausHolz #SagenundMythen #Geschichteerleben

Die Figuren am Wegesrand des Skulpturenwegs wurden von lokalen Künstlern geschaffen.

Schwarzenbach am Wald blickt auf eine lange Geschichte zurück. Bereits im 14. Jahrhundert wurde die Stadt urkundlich erwähnt, die damals jedoch noch ein Markt war. Der Skulpturenweg gibt einen kleinen Einblick in die Vergangenheit, die geprägt ist vom Hämann, vom Bergbau und der Bedeutung des Waldes, die nicht zuletzt dadurch deutlich wird, dass er sich im Ortsnamen wiederfindet.

Die erste Skulptur wartet kurz nachdem der Weg in den Wald führt. Sie stellt den Hämann dar, eine unsichtbare Sagengestalt. Er soll sich auf den Rücken von Wanderern gesetzt haben, die den Wald durchqueren mussten und nun sein Gewicht auf ihren Schultern spürten. Er ließ erst von ihnen ab, wenn sie den Wald wieder verließen. Einziger Ausweg war eine Geisterbeschwörung, durch die der Hämann vom Rücken sprang und sichtbar wurde.

Kleinere Skulpturen und Bänke zum Verweilen und Genießen säumen immer wieder den Weg. Es sind Zwerge und die Tiere des Waldes, die einem begegnen. Sie sind völlig natürlich in ihre Umgebung gesetzt. Dann folgt

---

Hin & weg: Am besten mit dem Auto zum Schützenhaus fahren und auf dem großen Parkplatz parken. Dort beginnt der Wanderweg. Wer mit öffentlichen Verkehrsmitteln anreist, kann die Buslinie 9 nehmen, die zwischen Bad Steben und Kronach fährt.

Beste Zeit: Ganzjährig.

Dauer & Strecke: Ca. 1,5 Std. für 5 km.

Ausrüstung: Festes Schuhwerk und Wanderlust.

Der Weg ist sehr gut ausgeschildert – und das von Anfang an! Den Weg zu Hämann und Co. kann man kaum verfehlen ...

wieder eine Skulptur in menschlicher Gestalt. Es ist ein Bergmann. Auf dem nebenstehenden Schild wird erklärt, dass es nicht weniger als 20 Bergwerke im heutigen Stadtgebiet gegeben hatte. Es wurde in erster Linie Brauneisenerz gefördert. Deswegen finden sich auch noch heute die typischen Werkzeuge eines Bergmannes – Hammer und Schürfeisen – im Stadtwappen von Schwarzenbach.

Man lebte zwar nicht im, jedoch sehr wohl vom Wald. Und zwar in ganz unterschiedlichen Formen. So erfährt man auf dem Skulpturenweg außerdem vom Hausweber, vom Holzfäller und den *Holzfraala*, den Waldfrauen. Sie fanden zwischen den Bäumen alles, um ihren Lebensunterhalt zu verdienen. Aus Blumen, Moos und Tannenzweigen fertigten sie allerlei Waren und trugen sie in die nächste Stadt, vor allem nach Hof, um sie auf dem Markt zu verkaufen.

Wissbegierige machen auf diese Weise auf dem Skulpturenweg von Schwarzenbach am Wald nicht nur eine einfache Wanderung. Sie lernen auch so einiges über den Ort. Und wer unterwegs plötzlich ein außergewöhnliches Gewicht auf seinen Schultern verspürt, der weiß, dass der Hämann wirklich sein Unwesen treibt.

FAZIT: EIN KURZER WANDERWEG, DER FÜR JEDEN MACHBAR SEIN SOLLTE UND IN EINE SPANNENDE WELT ENTFÜHRT!

BORDEAUX
The City Of Edinburgh 1127km Scotland (Twinned with Munich)
PARIS du Palais Bourbon
NEW YORK N.Y.
Hong Kong 香港
CINCINNATI
MEXICO CITY City Limit
Times Square Broadway
LAS VEGAS
For a peaceful world
Fernweh-Park
Signs of Fame
www.fernweh-park.de
SYDNEY CITY LIMIT
Dubai
Bekkevoort
Rio de Janeiro
Berlin
Kerkrade
Los Angeles CITY LIMITS
Hollywood Blvd
Sunset Blvd
Palm Springs
Palm Canyon Drive
VILNIUS
Radišići
Ljubuški
PRAHA
MONASTIR
Ξυλαγανη Xilagani
Wacken
THE BRONX
INTERSTATE 278
Markt Oberkotzau
CALIFORNIA 11
BROADWAY
WALL ST
TIMES SQUARE
ACAPULCO BEACH
PORTLAND, OREGON CITY OF ROSES
内子町 Uchiko Stadt
札幌市 Sapporo City
Landeshauptstadt München
Münchner Freiheit
Leopoldstraße
Viktualienmarkt
SALAZIE Île de la Réunion
Lhasa TIBET
JOHANNESBURG
Tapolca
ALSACE
En Gedi
Jerusalem
N Broadway
Tennessee Av
ELVIS PRESLEY BLVD

KARLHEINZ
BÖHM
17.6.2009
SIGNS OF FAME

IM SCHILDER-WALD

... in Oberkotzau

#14

Er ist zwar klein, steht aber für ganz Großes: nämlich für Fernweh, Frieden und Völkerverständigung. Der Fernwehpark Signs of Fame in Oberkotzau ist ein weltweit einmaliges Projekt, das Reisewütige und Weltoffene mitten ins Herz trifft.

Knapp 4000 Schilder zählt der Fernwehpark in Oberkotzau nahe Hof. Inspiriert vom Sign Post Forest in Watson Lake in Kanada startete der Dokumentarfilmer Klaus Beer ein ähnliches Projekt in Deutschland, das am symbolträchtigen Tag des 9. November 1999 – zehn Jahre nach dem Fall der Mauer – seine Pforten öffnete. Schilder wurden gesammelt und pas-

Nach 17 Jahren in Hof zog der Fernwehpark Anfang 2017 nach Oberkotzau um, wo er mit einem Amphitheater völlig neu installiert wurde.

send angeordnet, sodass der Park auf seine jetzige Größe anwuchs. Die Anordnung erfolgte damals wie heute entweder über geografische Zugehörigkeit oder aber thematische. In der asiatischen Ecke finden sich beispielsweise Ortsschilder aus Thailand und China. Eine andere Reihe zeigt lustige Ortsnamen wie Poppenhausen, Pups und Pinkler. Auch die Ortsschilder von Himmelstür, Himmelgarten, Fegefeuer und Hölle sind untereinander passend arrangiert.

In einem Punkt unterscheidet sich der Fernwehpark jedoch von seinem großen Bruder auf der anderen Seite der Welt: Er sollte nicht nur schön anzuschauen sein und eine Reise um die Welt in Schildern ermöglichen. Es sollte außerdem ein Projekt sein, dass sich für Frieden und Völkerverständigung einsetzt. Daher hängen Schilder aus China und Tibet oder aus Israel und Palästina als Symbol des Friedens und der Zusammengehörigkeit hier direkt nebeneinander.

Doch bei den Ortsschildern endet die Idee nicht. Über 400 Prominente haben den Fernwehpark bisher unterstützt. Das tun sie, indem sie Schilder signieren und zusätzlich ihre Hände in Tontafeln drücken. Auf diese Weise erheben sie ihre Hand für den Frieden und schaffen gleichzeitig einen kleinen deutschen Walk of Fame. Dabei waren deutsche und internationale Stars wie Karlheinz Böhm, Kevin Costner oder der Dalai Lama, um nur einige wenige zu nennen. Auf diese Weise ist der Fernwehpark Signs of Fame viel mehr als nur ein hübsches Ausflugsziel. Er lässt schmunzeln, herzhaft lachen und in Erinnerung schwelgen. Und wer nicht nur mit den Augen, sondern mit dem Herzen schaut, wird tief von der Botschaft des Friedens berührt.

FAZIT: EIN ORT, DER EMOTIONEN FREISETZEN KANN!

Hin & weg: Direkt am Fernwehpark befinden sich 60 PKW- und Bus-Parkplätze. Mit den Buslinien 6341, 6373 und 6390 oder mit der Bahn kommt man von Hof nach Oberkotzau.

Beste Zeit: Ganzjährig.

Dauer & Strecke: Nach Lust und Laune.

Ausrüstung: Lust auf ferne Länder.

LAMA-FREUDEN

… in Döbrastöcken

#15

Sie wirken therapeutisch und machen einfach Freude: Lamas. Auch wenn das Lamaballett mehrmals getanzt werden muss … Bei einer Wanderung mit den Vierbeinern aus den Anden ist Spaß vorprogrammiert und so vergeht die Zeit schneller, als man gucken kann!

#LamaTrekking #aufKuschelkurs #allesLamaoderwas?

Lamas verrichten ihre Notdurft immer an den gleichen Stellen. Die Lamatoilette außerhalb des Hofes befindet sich auf dem Gipfel des Döbrabergs.

Mitten im Frankenwald wartet ein ganz besonderer Hof. Während andere Pferde, Esel und Kühe halten, leben in Döbrastöcken Lamas. 2010 fing alles mit vier Junghengsten an, die Safran, Thymian, Cayenne und Peperoni hießen. Schnell wurde die Herde erweitert und wird fast jährlich größer. Seitdem bietet die Familie Baier unter dem Namen Mitimino Lama-Trekking an. Der Name setzt sich aus den ersten Buchstaben der vier Familienmitglieder Michael, Michaela, Tim und Noah zusammen.

Lamas sind sensible und liebevolle Tiere, mit denen entspannte Momente in der Natur möglich sind. Sie sind so empfindsam, dass auch Menschen mit Einschränkungen oder Behinderungen – egal ob körperlich oder geistig – ein tierisch gutes Abenteuer erleben können.

Die Lamawanderung führt auf den Döbraberg hinauf und – je nach Länge der gewählten Tour – auch über den Gipfel. Zunächst gibt es eine kurze Einweisung, bei der die Lamas vorgestellt werden. Mit dabei sind für gewöhnlich die vier Hengste, die schon am längsten auf dem Hof sind, sowie Anis, Tabasco, Kümmel, Quendel, Lavendel, Fenchel, Melisse, Kurku-

ma, Minze und Ingwer. Sie stehen vis á vis mit den Gästen und warten gespannt auf ihre Leine, während sie fasziniert das Geschehen beäugen. Es wird erklärt, dass ein Lama immer auf der linken Seite geführt werden sollte und was es mit dem sogenannten Lamaballett auf sich hat. Dabei dreht man sich linksherum, um ein am Seitenrand grasendes Lama zum Weitergehen zu bewegen. Wer dreimal das Lamaballett vollführt hat, erhält am Ende den Lama-Führerschein.

Dann geht es endlich los und der Lamamarsch beginnt. Es ist erstaunlich, wie schnell man eine Bindung zu seinem freundlichen Weggefährten aufbaut, dessen dunkle Augen ein Spiegel der Seele zu sein scheinen. Über kleine Pfade und entlang größerer Forstwege wandert die Gruppe in einem großen Bogen um den Hof.

Schneller, als einem lieb ist, ist die Wanderung vorüber. Wer möchte, kann noch einen Blick in den Hofladen werfen, in dem es allerlei Produkte aus Lamawolle oder mit Lama-Deko gibt.

FAZIT: EGAL OB GROSS ODER KLEIN ... MIT LAMAS KANN JEDER SPAß HABEN.

Hin & weg: Am besten mit dem Auto direkt zum Lamahof in Döbrastöcken fahren und dort parken.

Beste Zeit: Ganzjährig.

Dauer & Strecke: Die Touren dauern entweder 1, 1,5 oder 2 Stunden. Weitere Infos gibt es unter www.mitimino-lamas.de

Ausrüstung: Festes Schuhwerk und dem Wetter angepasste Kleidung.

AB INS KLOSTER!

… in Ebrach

#16

Stolz und prächtig liegt es am Straßenrand, das ehemalige Zisterzienserkloster Ebrach. Es war das erste seiner Art auf dieser Seite des Mains und wurde im 18. Jahrhundert zu der schlossartigen Barockanlage umgestaltet, die noch heute bewundert werden kann.

#geschaffenvonMönchen #beeindruckendeBaukunst #Kleinod

Seit 1803 ist das Kloster Ebrach nicht mehr als solches in Betrieb. Teile davon werden jedoch bis heute verwendet. Und zwar als JVA.

Bis ins 12. Jahrhundert gab es hier nichts als Wald. Der Gründungslegende zufolge soll ein Eber Mönchen den Abtsstab entrissen und just an der Stelle des heutigen Klosters fallen gelassen haben. Beide – das diebische Tier sowie sein Diebesgut – haben daher einen festen Platz im Abts- und sogar im Gemeindewappen der Stadt Ebrach. Zwölf Mönche gründeten dann das Kloster, schufen einen der beeindruckendsten Bauten der Romanik bzw. Frühgotik und machten das Land in den Tiefen des Steigerwalds urbar. Durch die Unterstützung von Stiftungen und der Stauferkönige konnte das Kloster weiter ausgebaut werden und gedeihen.

Es wechselte wiederholt die Besitzer, wurde in Kriegen geplündert, teilweise zerstört und wieder aufgebaut. Im 18. Jahrhundert legte der berühmte Architekt Leonhard Dientzenhofer selbst Hand an und sorgte für eine barocke Generalüberholung. Die gotische Kirche blieb

jedoch, wie sie war, und bildet weiterhin das Herzstück der Klosterlandschaft. Der Außenbereich ist mit mehreren Gärten und Anlagen ein wahres Kleinod, das dazu einlädt, Ruhe zu finden, zu lustwandeln und zu entschleunigen. Geprägt von den prunkvollen Fassaden des ehemaligen Klostergebäudes, die als stimmungsvolle Kulisse dienen, fühlt es sich fast so an, als gehe man auf eine kleine Zeitreise. Selbst wenn hier heute keine Mönche

Das Klostergelände in Ebrach ist nur das Herzstück einer eigentlich viel größeren Klosterlandschaft im nördlichen Steigerwald.

mehr ihrer Arbeit nachgehen und im steten *ora et labora* – bete und arbeite – nicht nur beten, sondern auch für das leibliche Wohl ihrer Mit-Mönche sorgen, ist vieles noch bzw. wieder erlebbar. In einem historischen Kräutergarten werden zum Beispiel 40 Kräuter vorgestellt, die in jedem Klostergarten zu finden waren.

Auch Gemüse wird angepflanzt und Obstbäume werden wie einst nicht nur gezogen, weil sie Schatten spenden und schön aussehen. Alles hatte einen Sinn und so waren zum Beispiel wohlriechende Blumen dafür da, giftigen Gasen, die aus der Hölle nach oben stiegen, entgegenzuwirken.

Hin & weg: Direkt am ehemaligen Kloster gibt es Parkplätze. Wer mit öffentlichen Verkehrsmitteln anreisen möchte, kann zum Beispiel mit der Linie 991 ab Bamberg fahren und am Marktplatz direkt am Kloster aussteigen.

Beste Zeit: Ganzjährig. Besonders schön, wenn die Obstbäume blühen. Infos zu Führungen in Kirche, Kaisersaal und Treppenhaus unter www.ebrach.de/kloster

Dauer & Strecke: Die Klostergärten umfassen etwa 2 ha und man braucht etwa 30 Min., um alles abzulaufen. Aufenthalt nach Zeit und Lust.

Ausrüstung: Ein gutes Buch, um im Klostergarten zu lesen.

FAZIT: EIN HERRLICHER ORT ZUM ENTSCHLEUNIGEN UND ZUM BEWUNDERN VON BAROCKER BAUKUNST UND MÖNCHISCHER KULTUR.

LAUENSTEIN
CONFISERIE

→ ABSTECHER ...

EINE GENUSS-WANDERUNG

... rund um Lauenstein

#17

Der Naturpark Frankenwald ist eine wahre Kulturlandschaft. Das wird auf diesem Wanderweg sehr deutlich. Naturbelassene Pfade, die Burg Lauenstein, die mit dem gleichnamigen Ort untrennbar verbunden ist, und die Confiserie in der alten Fischbachsmühle machen den Weg zu etwas ganz Besonderem.

#Waldbaden #anderGrenze #Leckerschmecker

Los geht's am Großparkplatz im beschaulichen Dorf Lauenstein. Stolz thront die Schieferburg, die wohl im 12. Jahrhundert errichtet wurde, auf ihrem Hügel und kann über eine steile Gasse erreicht werden. Wer eine Führung gebucht hat, kann die Burg vor Beginn der Wanderung besichtigen. Einmal um die Burg herum, gelangt man bald danach rechts abwärts auf den Steig. Stets bergab, wird die Straße zweimal überquert, bis man ins Untere Dorf gelangt. Am ehemaligen Bahnhof und über die Gleise führt der Weg ins Loquitztal und zu einem Kneipp-Becken.

Nun heißt es Zähne zusammenbeißen: Die nächsten 1,5 Kilometer läuft man nämlich ausschließlich bergauf. Wenn sich der Wald lichtet und man in größerer Höhe ist, eröffnet sich dafür der Blick auf die Burg, die sich imposant auf der anderen Seite des Tals erhebt. Am höchsten Punkt wartet ein idyllischer Weiler. Auf der anderen Seite verläuft der Weg wieder bergab durch ein weites Waldgebiet. Es geht scharf nach rechts, sobald sich der

---

Hin & weg: Am Ausgangspunkt des Wanderwegs in Lauenstein gibt es einen Großparkplatz.

Beste Zeit: Zwischen März und November. Im Winter kann der letzte Abschnitt gefährlich sein. Am besten die Öffnungszeiten der Confiserie (www.lauensteiner.de) und der Burg (www.frankenwald-tourismus.de) abpassen.

Dauer & Strecke: Ca. 3 Stunden für die Wanderung mit 7,2 km Länge. Einkehren und Burgbesichtigen nach Lust und Laune.

Ausrüstung: Festes Schuhwerk und ans Wetter angepasste Kleidung sowie Kleingeld für Eintritt, Einkehren bzw. die süße Belohnung.

Seit 1978 gehört Lauenstein zu Ludwigsstadt und ist seine älteste Ortschaft.

Blick ins Tal öffnet. Dann ist der Fischbachgrund mit seinem urwüchsigen Tal erreicht. Die idyllisch gelegene Fischbachsmühle ist heute eine Pralinenfabrik mit dem Namen Confiserie Lauenstein, in der die Chocolatiers in einer gläsernen Manufaktur einen exklusiven Einblick in ihr Handwerk bieten. Aufwendige Handgriffe, filigrane Arbeit und Fingerspitzengefühl prägen den Beruf, wovon man sich hier selbst überzeugen kann. Natürlich ist es auch möglich, sich einfach eine Auszeit im Café zu gönnen. Es warten Kaffee, Pralinen und fränkischer Blechkuchen.

Nach der Stärkung wartet der Endspurt. Über die Brücke und über die B85 führt die Route auf der anderen Seite wieder in den Wald hinein und ein weiteres Mal steil bergauf – anspruchsvoll, aber auch romantisch. Ein schmaler Weg führt zurück nach Lauenstein und damit zurück zum Ausgangspunkt.

FAZIT: EINE WANDERUNG, DIE ES IN SICH HAT, ABER JEDEN SCHWEIẞTROPFEN WERT IST!

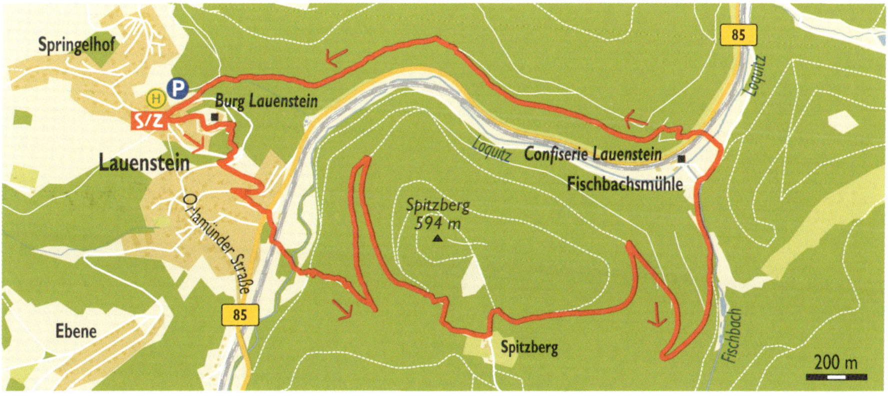

→ ABSTECHER …

SCHLITTEN-FAHRT INS GLÜCK

… in Immenreuth

#18 *Eine Pferdeschlittenfahrt ist ein besonderes Erlebnis, das eine Pause vom oftmals stressigen Alltag verspricht. Das Motto der Fahrt: Entspannt zurücklehnen und die weiße Winterlandschaft genießen, während die Wangen von der kalten Winterluft rosig werden.*

#2PS #tierischesSchneeerlebnis #starkePferde

Friesenpferde gelten als zuverlässig, geduldig und sanftütig, weswegen sie gerne vor Kutschen eingespannt werden. So auch auf dem Hof der Scheidlers.

Danton und Filou sind zwei von sechs Friesen auf dem Hof der Familie Scheidler. Die zwei Pferde unterscheiden sich stark voneinander – das eine ist groß und stämmig, das andere eher elegant und klein, aber mit vor Stolz erhobenem Kopf, weshalb es deutlich größer wirkt. Eingespannt vor dem schicken Schlitten warten sie auf den Beginn der Fahrt. Die anderen Pferde Jakob, Fitus, Indo und Jano stehen auf der Koppel und schauen gespannt bei der Abfahrt zu, während die Hunde einen bellend zu der etwa einstündigen Fahrt verabschieden.

Immenreuth liegt genau an der Grenze zwischen der Oberpfalz und Oberfranken und die Fahrt führt durch diese waldreichen Regionen an Weihern und ehemaligen Bauernhöfen entlang. Dabei ist der Schlitten mit besonderen Kufen ausgestattet: Sollte mal über eine Strecke hinweg nicht viel Schnee liegen, hat er Räder, die ausgefahren werden können, um diese Teile zu überbrücken.

Das Friesenpferd ist die älteste Pferderasse Europas und es wird vor allem als Fahr- und Reitpferd eingesetzt. Wer Danton und Fi-

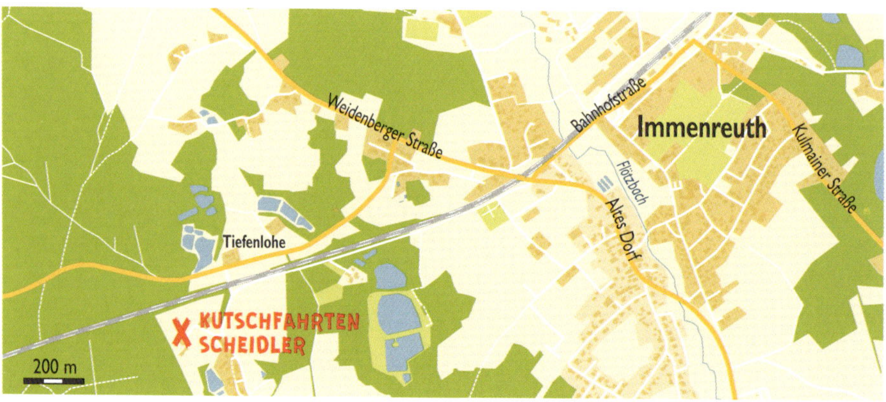

lou beobachtet, versteht auch, warum: Man merkt beiden die Kraft in ihren starken Körpern an und spürt ihren Drang, über den Untergrund zu galoppieren, der wie Puderzucker daliegt. Albert Scheidler muss die beiden starken Hengste daher immer wieder zügeln – im wahrsten Sinne des Wortes.

Das Winterwunderland zieht vorbei, während die warmen Decken ihren Dienst tun, und so vergeht die Stunde auf dem Schlitten schneller als man gucken kann. Aber bei den Scheidlers werden die Pferde nicht nur vor den Schlitten gespannt. Hier kommt man ganzjährig in den Genuss von Kutschfahrten, die auch für besondere Anlässe wie Hochzeiten eingesetzt werden. Und die Pferde freuen sich drauf!

FAZIT: OB ROMANTISCH ZU ZWEIT ODER ALS BESONDERES ERLEBNIS MIT FREUNDEN ODER DER FAMILIE ... EINE PFERDESCHLITTENFAHRT BLEIBT LANGE IM GEDÄCHTNIS!

Hin & weg: Am besten mit dem Auto direkt zum Hof der Familie Scheidler (www.kutschfahrten-scheidler-immenreuth.de) fahren und dort das Auto stehen lassen.

Beste Zeit: Sobald genug Schnee liegt. Falls kein Schnee liegt, kann man aber auch ganzjährig Kutschfahrten erleben.

Dauer & Strecke: Ca. 1 Std. reine Fahrtzeit.

Ausrüstung: Warme Kleidung und dicke Schuhe, Handschuhe und Mütze. Warmer Tee und ein Snack für Zwischendurch schaden nicht.

Mindestabstand 2m
beim Parken beachten!
2m
P
1,5m
Mundschutz tragen
Bitte Hygieneregeln beachten!

→ Abstecher …

Auf die Kufen, fertig, los!

… in Mehlmeisel

#19

Ein wahres Paradies für Wintersportbegeisterte jeder Altersgruppe befindet sich in Mehlmeisel. Das Familienland am Klausenlift bietet Ski- und Snowboardfans sowie Rodelnden die Möglichkeit, die Piste runterzudüsen. Ein ganz besonderes Highlight gibt es obendrauf.

Tupfer in allen Farben des Regenbogens verwandeln die weiße, manchmal auch neblig, graue Landschaft in ein buntes Winterparadies. Kinder steigen mit strahlenden Augen aus den Autos ihrer Eltern und können es kaum erwarten, den Hang hinunterzurodeln. Wieder und wieder.

Schlitten klassisch aus Holz oder in leuchtendem Rot, Grün oder Blau sausen den Hang hinab – die Lenker mit ebenso bunter Winterkleidung halten sich die Mützen, damit sie im Fahrtwind nicht verloren gehen. Die Luft ist von Kinderlachen erfüllt. Auch der ein oder andere Erwachsene traut sich auf den flotten Untersatz und kann sich das Lachen kaum verkneifen. Rodeln bedeutet Spaß für die ganze Familie.

Und wer kennt es nicht? Kaum ist man unten angelangt, muss man den Schlitten mühsam und in Schweiß treibender Arbeit wieder nach oben ziehen, um sich erneut an die Abfahrt begeben zu können. Nicht so am Klausenhang! Denn hier wartet ein sogenannter Zauber-

Schlittenfahren hat Tradition: Während Bergbauern auf diese Weise schnell zurück ins Tal kamen, bringt die rasante Abfahrt heute Kinderaugen zum Leuchten.

teppich – eine Art Rollband – das einen von unten wieder nach oben befördert. Ganz ohne Schweiß und Anstrengung. So kann der Spaß noch länger gehen. Zudem leuchtet der transparente Tunnel, in dem sich das Band befindet, ab der Dämmerung in verschiedenen Farben.

Wer den Kindern den Spaß gönnen, aber selbst etwas anspruchsvolleren Wintersport betreiben möchte, kann einfach nebenan eine Runde skifahren. Der Klausenlift für Skifahrer und Snowboarder liegt keine 50 Meter vom Rodelhang entfernt. Für Speis und Trank ist ebenso gesorgt, da direkt am Eingang des Skilifts ein Bistro zum Verweilen einlädt.

Für all jene, die keinen eigenen Schlitten haben, wartet am Wochenende Fischer's Skistadl mit einem Verleih direkt neben dem Rodelhang.

FAZIT: FÜR EINEN PERFEKTEN WINTERTAG MIT DER GANZEN FAMILIE!

Hin & weg: Am besten mit dem Auto zum Parkplatz am Klausenlift fahren. Dort gibt es Parkmöglichkeiten.

Beste Zeit: Sobald und solange Schnee liegt. Im Normalfall zwischen Dezember und Februar.

Dauer & Strecke: So weit die Puste reicht.

Ausrüstung: Ein Schlitten (alternativ Miete über www.fischer-sporthaus.de), wasserfeste Schuhe und Schneekleidung, Handschuhe und Mütze. Warmer Tee und ein Snack für Zwischendurch schaden nicht. Kleingeld zum Einkehren und für den Parkplatz.

SCHNEE-TOUR DELUXE

... auf dem Walberngrüner Gletscher

#20

Zugegeben: Der Walberngrüner Gletscher ist kein echter Gletscher. Die Bezeichnung im Volksmund rührt von der hohen Lage und der Tatsache, dass die Sonne kaum auf die Nordseite der Talmulde scheint, so liegt hier teilweise bis in den Mai Schnee.

#Winterwanderweg #WandernimSchnee #Winterparadies

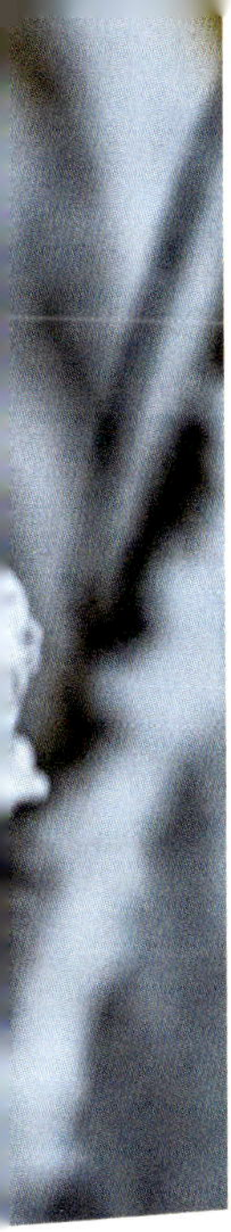

Schön anzuschauen ist der Weiher, ja. Aber die Schlittschuhe auspacken sollte man hier nicht.

Noch gilt der Winterwanderweg am Walberngrüner Gletscher als Geheimtipp. Wer unter der Woche einen Walk durch den Schnee anstrebt, findet sich daher vermutlich ganz allein auf dem Weg wieder. Dabei ist der Walberngrüner Gletscher selbst schon lange in aller Munde. Denn die Loipe ist nicht zuletzt durch die Tatsache, dass sie mit Flutlichtern ausgestattet ist und somit auch nach Sonnenuntergang der Langlaufspaß kein Ende haben muss, ein beliebtes Ziel für Wintersportler. Zudem liegt hier der Schnee sehr lange, sodass man fast bis Mitte des Jahres skifahren und rodeln kann.

Der Winterwanderweg wurde jedoch erst 2015 eingerichtet. Der Sportgemeinschaft Gösmes/Walberngrün kam die Idee, auch für

Wanderer ein Angebot zu schaffen, legte die Strecke fest und stellte die Beschilderung auf. Die ehrenamtlichen Mitglieder kümmern sich darum, dass der Weg planiert ist und kontrollieren, dass die Wegweiser da sind, wo sie sein sollen.

Start der Wanderung ist am Sportgelände der SG Gösmes/Walberngrün und zunächst wird die Gösmeser Höhe mit Ihren rund 700 Metern erklommen. Im Norden ist von hier der Döbraberg sichtbar, der mit knapp 800 Metern der höchste Berg des Frankenwaldes ist. Wer gen Süden blickt, kann an klaren Tagen ins Maintal schauen und sogar bis in die Fränkische Schweiz.

Sobald man die Straße erreicht, verläuft der Weg ein kurzes Stück entlang des Asphalts. Hier befindet sich auch ein Privatgelände, bei dem der ein oder andere sich vielleicht die Au-

Wer lieber eine Runde mit Schneeschuhen durch den Tiefschnee stapfen möchte, kann das ebenfalls rund um den Walberngrüner Gletscher tun.

gen reibt: Strauße stolzieren an einem Zaun entlang, als würden sie klarmachen wollen, dass sie genau hierhin gehören. Es handelt sich dabei um einen Privatzoo.

Im Anschluss geht es in ein Waldstück, das parallel zur Loipe 2 verläuft. Am unteren Teil von Walberngrün angekommen, beginnt der Endspurt: Durch die Ortschaft gelangt man nach ca. 4,3 Kilometern zurück zum Sportheim, dem Ausgangspunkt der Wanderung. So bleibt der Wanderspaß auch im Winter nicht aus.

FAZIT: EIN MUSS FÜR JEDE:N, DER TROTZ SCHNEE AUF EINEM GEPFLEGTEN WEG WANDERN MÖCHTE!

Hin & weg: Am besten mit dem Auto zum Sportgelände der SG Gösmes/Walberngrün fahren. Dort gibt es Parkmöglichkeiten.

Beste Zeit: Wenn Schnee liegt. Im Normalfall zwischen Dezember und April.

Dauer & Strecke: Ca. 1 Std. reine Wanderzeit für 4,3 km. Danach beliebig viel Zeit zum Einkehren im Sportheim bei Kellerbier von wechselnden Dorfbrauereien und oberfränkischer Wurst. Öffnungszeiten laut Website (www.walberngruener-gletscher.de).

Ausrüstung: Wasserfeste Wanderschuhe, warme Kleidung, Handschuhe und Mütze. Warmer Tee und etwas Kleines für zwischendurch sind immer gute Begleiter. Kleingeld zum Einkehren und eine Kamera für Fotos.

2. KAPITEL AUSFLÜGE

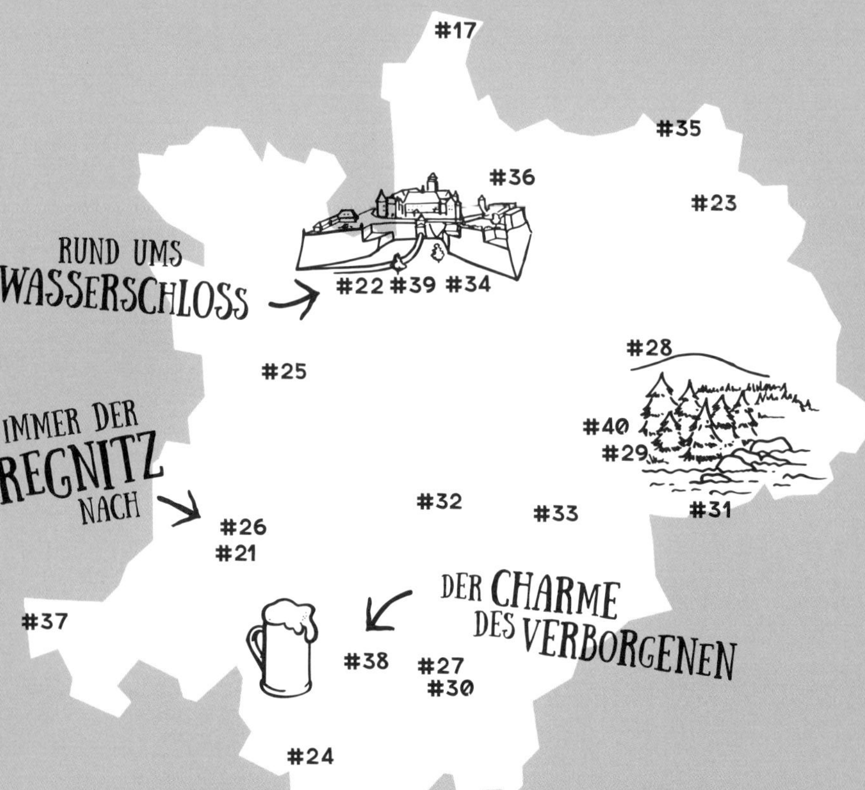

Raus für einen Tag

Biergenuss, wilde Flussfahrten und Landschaftsgärten. Ob zu Fuß, auf dem Wasser oder mit dem Rad – hier ist für jede:n das Passende dabei.

12H

ÜBER BAMBERGS DÄCHERN

… zur Altenburg

#21

Auf dem höchsten der sieben Hügel Bambergs wartet ein besonderer Ort. Er diente den Bürgern einst als Zufluchtsort. Heute hingegen befindet sich dort der höchste Biergarten der Stadt mit einem herrlichen Ausblick: in der Altenburg.

#Wahrzeichen #BambergshöchsterBiergarten #dieAussichtgenießen

1812 lebte E.T.A. Hoffman einige Zeit in einem der Mauertürme. Daher heißt der Biergarten bis heute Hoffmannsklause.

Die Wanderung beginnt am Laurenziplatz, von wo es an hübschen Fachwerkbauten vorbei hinab zum Dom geht. Seine Türme ragen immer wieder hinter und zwischen den ziegelroten Dächern hervor. Er ist einer der Kaiserdome und beherrscht das Stadtbild vom markanten Domberg aus. Wer ihn besichtigen möchte, kann unter anderem das einzige Papstgrab Deutschlands bewundern.

Direkt nebenan befindet sich die Alte Hofhaltung, in der einst Bischöfe wohnten, und die eine schöne Kulisse für Events bietet, die sogar die Filmemacher Hollywoods zu schätzen wissen. Auf der anderen Straßenseite wartet die Neue Residenz mit dem bekannten Rosengarten. In der Residenz sind Prunkapartments, ein barocker Kaisersaal und zwei Staatsgalerien zu sehen.

Die bekannten Highlights hinter sich lassend, führt der Weg die Straße hinauf und aus der Stadt hinaus. Zunächst geht es wie durch einen Tunnel durch Büsche, bis ein Feld zur Linken erscheint. Nach der nächsten Biegung ist ein kleiner geschotterter Weg erreicht. Vor einem blitzt bereits die Spitze des Turms der Altenburg über den Bäumen hervor. Beim Blick über die Schulter ist es, als ob einem die hohen Türme des Doms zuwinken. Je höher der Weg führt, desto imposanter wirkt der Dom vor dem städtischen Panorama. Bänke laden dazu ein, den Ausblick für einen Moment zu genießen.

Dann taucht man auch schon ein weiteres Mal in den Wald ein – in den Altenburger Wald, der als Stadtbiotop gilt. Bald führen Stufen den letzten Teil bis zum Fuß der Altenburg. Sie

Bamberg ist auf sieben Hügeln gebaut und wird daher auch das Fränkische Rom genannt. Von diesen sieben ist der Hügel, auf dem die Altenburg thront, der höchste.

wurde 1109 erstmals erwähnt und diente den Bamberger Fürstbischöfen knapp 250 Jahre lang als zweite Residenz. Heute befindet sich hier vor allem eine Gaststätte. Während der warmen Monate verwandelt sich dieser Ort in Bambergs höchsten Biergarten. Wo einst Fürsten und Bischöfe speisten, gibt es heute vor allem fränkische Gerichte. Einkehren lohnt sich! Und den Ausblick auf Bamberg gibt es obendrauf. Vom Turm aus, der in etwa 400 Metern Höhe liegt, blickt man in die Weite des Bamberger Umlands.

Hinter der Burg führt ein Pfad hinab zu einem weiten Feld. Wer sich umdreht, kann die Burg auf dem Hügel thronend bestaunen. Dann führt ein Wanderweg zum Stadtteil Babenberger Viertel, von wo es nur noch ein Katzensprung zurück zum Parkplatz ist.

FAZIT: DIE BURG IST EIN ECHTES HIGHLIGHT UND UNTERWEGS ZEIGT BAMBERG SEINE ABWECHSLUNGSREICHE SEITE ZWISCHEN URBANEM UND NATUR!

Hin & weg: An den meisten Parkplätzen in Bamberg kann man mit Parkscheibe nur bis zu zwei Stunden parken. Am besten also mit dem Bus der Linie 901 oder 989 vom Bamberger Bahnhof zum Laurenziplatz, wo die Wanderung beginnt.

Beste Zeit: Zur Biergartensaison von April bis September. Genaue Öffnungszeiten unter www.restaurant-altenburg.de

Dauer & Strecke: 2 Std. reine Wanderzeit für 6,6 km. Besichtigung von Dom, Hofhaltung, Residenz, Rosengarten und Altenburg sowie Einkehren nach Lust und Laune.

Ausrüstung: Kleingeld zum Einkehren.

TOR ZUM FRANKEN-WALD

... rund um das Wasserschloss Mitwitz

#22

Am Rande des Frankenwaldes liegt Mitwitz in einem Tal, in dem die Föritz in die Steinach mündet. Der idyllische Ort ist nicht nur von einem ausgedehnten Mischwald, Flüssen und einer Teichlandschaft umgeben, sondern beherbergt auch eines der bedeutendsten Wasserschlösser Frankens.

#woRitterwohnten #Herzstück #Wasserschloss

Wer zur richtigen Zeit die Wanderung unternimmt, kann auf dem Dach des Wasserschlosses Störche in ihrem Nest beobachten.

Fast mystisch mutet es an, das pompöse Schloss, das wie durch Magie aus dem Wasser emporgewachsen zu sein scheint. Erstmalig 1266 erwähnt, gehörte es den Freiherren von Schaumberg, einem weitverzweigten fränkischen Adelsgeschlecht. Von den Räumlichkeiten, in denen sie residierten, sind wohl noch das heutige Untergeschoss des Nordflügels und der nördliche Eckturm erhalten. Nachdem das Schloss Anfang des 16. Jahrhunderts geplündert und teilweise in einem Brand zerstört worden war, wurde es Ende des gleichen Jahrhunderts wiederauf- und zu dem Schloss ausgebaut, das heute noch zu sehen ist. Ab 1575 gehörte das Schloss der Familie von Würtzburg und ab 1922 der Familie von Cramer-Klett. Seit 2020 ist es Eigentum des Landkreises Kronach.

Das Wasserschloss ist das große Highlight der Tour. Eine Führung kann vor oder nach der Wanderung eingeplant werden. Vom Schloss geht es raus aus dem Ort in Richtung Breitensee, dem mit fünf Hektar größten der Mitwitzer Teiche, die seit dem 15. Jahrhundert das hiesige Landschaftsbild prägen.

Hier wird das Wort Natur großgeschrieben. Schilf, Gräser und Stauden dürfen wild wachsen, sodass sich Wasservögel, Amphibien und Fische wohlfühlen. Auch die Nutzung zur Fischzucht hat eine lange Tradition.

Weiter flaniert man am Breitensee vorbei über Felder und durch Wälder zum kleinen 50-Seelen-Dorf Bächlein. Wenn der Magen bereits knurrt, kann an der Bächler Alm Abhilfe geschaffen werden. Nach dem kurzen Schlenker führt der Weg wieder in den Wald hinein. Dann sind der Reginasee und der Pfadensee erreicht. Auch diese Teichgruppe ist

---

Hin & weg: Wer mit dem Auto anreist, kann direkt am Schloss parken. Mit der Buslinie 400 gelangt man von Coburg oder Kronach nach Mitwitz und kann die Wanderung direkt an der Bushaltestelle beginnen.

Beste Zeit: Der Weg ist ganzjährig schön. Um eine Führung im Wasserschloss mitzumachen, sollte man die Termine auf der Website (www.mitwitz-tourismus.de) überprüfen.

Dauer & Strecke: 3 Std. reine Wanderzeit für 10 km. Wasserschloss bewundern bzw. besichtigen und Einkehren kommt ganz nach Laune on top.

Ausrüstung: Kleingeld zum Einkehren und eventuell einen Fotoapparat.

Da die Mitwitzer Teiche naturbelassen sind, sind sie Rückzugsort zahlreicher Vögel. Hier kann man zum Beispiel Zwergtaucher und Teichrohrsänger beobachten und mit ganz viel Glück einen Eisvogel sehen.

naturnah, sodass seltene Tierarten angetroffen werden können.

Dem Weg folgend, wird der Gampertsteich umrundet, der einer der Zuchtteiche für Schleien, Hechte und Karpfen des Fischereivereins Mitwitz ist. Neundorf wird am Rande geschnitten und schon geht es wieder in den Wald. Nun ist es ist nicht mehr weit bis zum Breitensee und zurück nach Mitwitz, wo der Rundweg endet.

FAZIT: EINE NATURNAHE WANDERUNG MIT EINEM KLEINEN EINBLICK IN DIE GESCHICHTE DES FRÄNKISCHEN ADELS. SO KANN MAN NATUR UND KULTUR WUNDERBAR VERBINDEN!

IM KLETTER-PARADIES

... am Untreusee in Hof

#23

Klettern, balancieren, von Baum zu Baum hangeln ... ein Besuch im Kletterpark ist immer ein großer Spaß und stellt hohe Anforderungen an die Schwindelfreiheit. Aber in den Parcours bleiben keine Wünsche offen und der halbe Tag vergeht im Nu!

#Karabineralarm #wieTarzanundJane #Klettermax

Hier kann sich jeder ins Abenteuer stürzen: Auch Ungeübte und Kinder ab sechs Jahren finden sich schnell ein.

Am Untreusee in Hof, zwischen Frankenwald und Fichtelgebirge, wartet ein besonderes Highlight, ein Kletterpark auf über 20 000 Quadratmetern mit neun Parcours. Neben den üblichen Herausforderungen wie Kletterwänden und Balancierübungen bietet dieses Kletterareal weitere Challenges. Die Höhe der Parcours variiert zwischen 3,5 Metern für die ganz Kleinen und 14 Metern für die besonders Wagemutigen.

Zu Beginn erhält jeder Besucher eine Einweisung in einem kleinen Testparcours und klettert dort unter Aufsicht des geschulten Personals. Welcher Karabiner muss wo befestigt werden, wenn es in luftiger Höhe darauf ankommt? Wie kommt die Seilwinde auf das Drahtseil? Wo befestigt man nicht benötigte Teile des Equipments? All diese Fragen und mehr werden zum Auftakt beantwortet.

Dann geht es los: der weiße sowie der blaue Parcours sind bereits ab einer Körpergröße von 1,2 Metern machbar, sodass hier vor allem Kinder ihre Freude haben. Besondere Elemente wie ein Tunnel und der Tarzansprung runden das Erlebnis ab.

Die Parcours Rot, Schwarz und Gold bieten Klettererlebnisse in 6,5 bis 11 Metern Höhe, die für jeden machbar sind, aber durchaus anspruchsvolle Elemente beinhalten. Im Gold-Parcours warten gleich zwei Seilbahnfahrten über den Untreusee mit herrlichem Panorama.

Wer viel Klettererfahrung hat, darf den Parcours Extrem machen. Dieser ist nur für ge-

Wer den Kletterspaß mit einer kleinen Wanderung verbinden möchte, kann den sechs Kilometer langen Rundwanderweg um den Untreusee laufen.

übte Kletterer und erfordert eine Körpergröße von mindestens 1,50 Meter. Dafür erwarten einen Teller, Schaukeln und ein Sprung aus 12 Metern Höhe. Der Seilrutschenparcours Flying Fox ist der neueste Parcours im Klettergarten und führt zu einer Aussichtsplattform über dem Blätterdach des Waldes.

Zu guter Letzt warten noch zwei Fun Parcours – Jump & run und Ring the bell. Da es im Kletterpark Untreusee keine Zeitbeschränkungen gibt, können die Parcours beliebig oft und lang erklettert werden. Wer danach immer noch nicht genug hat, macht einen Abstecher in Deutschlands einziges wandelbares Labyrinth, das auch gleichzeitig ein Irrgarten ist. Er ist 2,6 Kilometer lang und durch ein Stecksystem wird die Wegführung immer mal wieder geändert. So wird es bestimmt nie langweilig!

FAZIT: EINE RUNDE KLETTERN FÜR KÖRPER UND GEIST – MIT SEEBLICK!

Hin & weg: Wer mit dem Auto anreist, kann direkt am See parken. Mit öffentlichen Verkehrsmitteln gelangt man mit der Buslinie 1 von der Hofer Innenstadt zum Untreusee.

Beste Zeit: Wenn es warm genug ist.

Dauer & Strecke: Ein halber Tag.

Ausrüstung: Geld für den Eintritt (oder Onlinebuchung unter www.kletterpark-untreusee.de), festes Schuhwerk und ggf. Handschuhe.

NAUF AUF DIE KELLER!

... in und um Forchheim

#24

Der Forchheimer Kellerwald ist nicht nur der wohl größte Biergarten der Welt, er ist auch eine echte Institution vor Ort. Wer nicht nur das kühle Bier und die fränkische Küche genießen, sondern auch die Umgebung erkunden möchte, der kann eine Radtour machen.

#Biergarten #Genussradeln #imForchheimerKellerwald

Im Kellerwald kann man Fränkische Tradition erleben.

Eine kulinarische Radtour wartet in der Bierstadt Forchheim. Der Rundweg FO 1 bringt Zweiradfans zu den bekanntesten Kellern zwischen Forchheim und Buttenheim am Eingangstor der Fränkischen Schweiz. Start ist am Bahnhof. Von dort radelt man über die Brücke über die Gleise auf die andere Seite der Stadt. An der Gabelung folgt man links der Hainbrunnenstraße. Nun strampelt man immer steiler bergauf. Nach etwa 1,5 Kilometern ist der Waldrand erreicht.

Durch den Wald wollen weitere vier Kilometer bergauf erklommen werden, bis Rettern nicht mehr weit ist. Ein weites Feld öffnet sich und es geht durch den Ort durch und auf Schotter-

wegen an Feldern mit Obstbäumen entlang. Kauerhofen, Weigelshofen, Drosendorf, Gunzendorf und Dreuschendorf werden gestreift.

Dann ist Buttenheim erreicht und mehr als die Hälfte des Radweges geschafft. In Buttenheim warten die Bierkeller St. Georgen Bräu und Löwenbräu auf alle, die bereits jetzt nach einer Stärkung verlangen. Durch Unterstürmig durch verläuft der Weg in Richtung Eggolsheim. Auch hier wartet ein Bierkeller direkt am Weg: der Keller Schwarzes Kreuz. Hier kann ein weiteres Mal eingekehrt werden.

Bis zum Kellerwald sind es jetzt noch 5 Kilometer. Das letzte Stück geht wieder steil bergauf. Aber dann ist das Ziel erreicht. Es warten nicht weniger als 23 Bierkeller mit schattigen Sitzplätzen, regionalem Bier und fränkischen Schmankerln. Einige haben täglich geöffnet, sogar im Winter, andere hingegen nur zum berühmten elf Tage andauernden Annafest, wenn die Bierlaune ihren Höchststand erreicht.

Unter der Erde erstreckt sich über mehrere Kilometer ein Labyrinth aus Gängen, in denen mehr als 400 Jahre lang Bier heranreifte und gelagert wurde. Schon bald begannen Bierbrauer, direkt an ihren Kellereingängen Bier auszuschenken und so entstanden alsbald die Wirtschaften auf den Kellern. Auch heute können die in Sandstein gehauenen Lagerstätten im Rahmen von Führungen besichtigt werden.

Wenn Durst und Hunger gestillt sind, geht es mit dem Fahrrad zurück zum Ausgangspunkt.

Der Kellerwald hat eine Fläche von etwa 20 000 Quadratmetern. Kein Wunder, dass er auch als größter Biergarten der Welt bezeichnet wird.

FAZIT: ERST IN DIE PEDALE TRETEN, DANN AUF DEN KELLER GEHEN ... SO SIEHT GENUSS IN FORCHHEIM AUS!

Hin & weg: Da die Tour am Bahnhof Forchheim startet, ist die Anreise mit öffentlichen Verkehrsmitteln ganz leicht. Er ist an das Nürnberger S-Bahnnetz angeschlossen, liegt an der Regionalbahnstrecke Bamberg–Nürnberg und bietet Anbindung an den Nahverkehr Ebermannstadt. Wer mit dem Auto anreisen möchte, findet auf dem P+R am Bahnhof einen Parkplatz.

Beste Zeit: Ganzjährig möglich, aber während der Bierkellersaison von April bis Oktober am schönsten.

Dauer & Strecke: Ca. 2 Std. reine Fahrzeit für die 35 km. Kellergenuss nach Lust und Laune.

Ausrüstung: Geld fürs Einkehren auf den Kellern.

PADDEL-SPAß AM OSTSEE

... in Bad Staffelstein

#25

Was wie ein Tippfehler aussieht, ist in Bad Staffelstein ganz richtig: hier wartet nämlich der und nicht die Ostsee. Dabei handelt es sich um einen Badesee, der für die Kleinen Wasserspaß und für die Großen eine Portion Erholung bereithält.

Lust auf ein weiteres kleines Abenteuer? Direkt hinter dem Ostsee fließt der Main, auf dem man mit dem Kanu paddeln kann.

Spätestens, wenn im Sommer die Temperaturen auf 25 Grad und mehr ansteigen, ist es eine wahre Wohltat, Zeit am Wasser zu verbringen. Denn das kühle Nass hält die ein oder andere Abkühlung und Ablenkung bereit. Eine Runde schwimmen, sich vom Sprungbrett stürzen oder ein Volleyball-Match auf der dafür vorgesehenen Sandfläche spielen ... der Bad Staffelsteiner Ostsee hat in dieser Hinsicht viel zu bieten. Wer gleichzeitig dem Trendwassersport Stand-up-Paddeln frönen möchte, kommt hier auf seine Kosten.

Stand-up-Paddeln oder einfach kurz SUP geht eigentlich auf eine Tradition in Polynesien zurück. Einst bewegten sich die Fischer Tahitis zwar mit Kanus, aber stehend fort. Heute hat sich daraus eine eigenständige Sportart entwickelt – mit eigenen Brettern, die sich von Surfbrettern & Co. unterscheiden, eigener Technik und eigenen Wettkämpfen.

Da aufblasbare und somit leicht transportierbare SUP-Boards mittlerweile die Regel und in fast jedem Supermarkt zu erstehen sind, gehören sie in vielen Haushalten zum Inventar. Wer bereits stolz ein SUP sein Eigen nennt, hat hier die Möglichkeit, in einem geschützten Rahmen seine Runden zu drehen. Wer (noch) kein Brett besitzt, muss jedoch nicht aufs Paddeln verzichten. Am Ostsee können Boards geliehen werden. So steht dem Wasserspaß nichts mehr im Weg! Zwischendrin wartet ein Kiosk, der bei knurrendem Magen hilft oder für eine Abkühlung durch Eis oder ein kaltes Getränk sorgt.

Der Ostsee ist außerdem einer von nur drei Seen in Bayern, in dem unbeschwert unter

---

Hin & weg: Am besten mit dem Auto zum Hallenbad AquaRiese fahren und dort auf dem großen Parkplatz parken. Der Badesee liegt direkt daneben. Wer mit dem ÖPNV anreist, kann in ca. 15 Min. vom Bad Staffelsteiner Bahnhof zum Ostsee laufen.

Beste Zeit: Während der Badesaison, wenn die Sonne scheint.

Dauer & Strecke: Ganz nach Belieben.

Ausrüstung: Gute Laune, eine Picknickdecke, Badesachen und, falls vorhanden, ein eigenes SUP. Wer keines hat, kann direkt vor Ort eines leihen. Weitere Infos zum Badesee und SUP-Verleih unter www.aquariese.jimdo.com/badesee

---

Im neun Hektar großen Badesee wartet eine Badeinsel mit Sprungturm.

der Blauen Flagge geschwommen werden kann. Das Qualitätszertifikat der Deutschen Gesellschaft für Umwelterziehung weist Küsten und Binnengewässer aus, die unter anderem eine hohe Wasserqualität und Infrastruktur haben. Außerdem ist während der Öffnungszeiten immer das AquaRiese-Team vor Ort. Unter der Aufsicht von Rettungsschwimmern ist sicheres Baden möglich und auch Eltern mit Kindern können so Entspannung finden.

FAZIT: WER ERHOLUNG SUCHT UND GERNE AUCH DIE EIN ODER ANDERE RUNDE AUF EINEM SUP PADDELN MÖCHTE, WIRD AM OSTSEE FÜNDIG!

RADGENUSS AM FLUSS

... auf dem RegnitzRadweg

#26

Ein einzigartiger Fluss bahnt sich zwischen Nürnberg und Bamberg seinen Weg. Über rund 70 Kilometer verläuft die Kanalroute an der Regnitz entlang, vorbei an fränkischen Highlights. So kann die Tagestour zu einem genussreichen Radausflug werden.

#immerdemFlussnach #imRegnitztal #Kanalroute

Angenehm fahrbar für jedermann ... der RegnitzRadweg ist zum größten Teil flach und hat gut ausgebaute Wege.

Zwischen dem Stadtgebiet Nürnberg, der Fränkischen Schweiz, dem Steigerwald und den Haßbergen verläuft die Regnitz – und mit ihr der RegnitzRadweg. Er kann in zweierlei Variation gefahren werden: auf der Talroute mit 85 Kilometern, die durch die entlang des Wassers gelegenen Ortschaften hindurchführt, oder auf der Kanalroute mit 70 Kilometern, die flacher und somit auch für Familien geeignet ist und den Fluss begleitet. Wer besonders viel Elan und entsprechend Zeit zur Verfügung hat, kann beide Routen als Rundweg fahren. So bietet der RegnitzRadweg für jeden Schwierigkeitsgrad etwas an.

Wer die Kanalroute in Oberfranken starten möchte, für den geht es in Bamberg los und dann immer flussaufwärts. Vom Kunigunden-

Der perfekte Ort für die erste Pause: Die RadOase Schleuse 95 ist direkt am Radweg gelegen und man kann kurz mal abschalten!

damm fährt man hinab ans Adenauerufer. Zur Linken wird man von der historischen Häuserfassade begleitet, zur Rechten fließt der Main-Donau-Kanal. Am Ortsausgang verläuft der Weg vorbei an den Kleingärten von Sendelbach Richtung Strullendorf. Nach knapp zehn Kilometern wird die Schleuse Strullendorf überquert. Über einen asphaltierten Weg gelangt man nun nach Hirschaid. Nach der Ortschaft sind es noch etwa fünf Kilometer bis zur Schleuse 95 in Neuses.

An dieser Stelle sind knapp 20 Kilometer des Weges geschafft. Zum Krafttanken kann daher eine Pause an der RadOase Schleuse 95 nicht schaden. Es warten Getränke, Snacks und Eis. Matten auf dem Boden laden dazu ein, zu verweilen, die Beine auszustrecken und die Welt einmal Welt sein zu lassen.

Genug erholt? Dann zurück in den Sattel und weiter Richtung Forchheim. Wer den Ort besichtigen oder auf die Keller gehen möchte (siehe Eskapade #24), wie man hier sagt, wenn man einen Biergarten besucht, der muss die Kanalseite wechseln. Andernfalls wird weitergeradelt Richtung Erlangen.

Der Weg führt auf der Dammkrone entlang und bietet so einen tollen Rundumblick. An Hausen, Kleinseebach und Möhrendorf vorbei ist bald Alterlangen erreicht. Wer mag, biegt hier ab, um Erlangen zu besichtigen. Ansonsten bringt einen der Weg weiter nach Fürth, von wo der Radweg der Pegnitz folgt.

Hin & weg: Wer mit dem Auto anreist, kann rund um Bamberg auf einem der P+R Parkplätze parken. Es bietet sich jedoch an, die Bahn zu nehmen. Als größte Stadt Oberfrankens verfügt Bamberg über einen Bahnhof, der Knotenpunkt des Nah- und Fernverkehrs ist. Wer die Radtour zwischendrin abbrechen will oder muss, steuert einfach den nächsten Bahnhof an. Der RegnitzRadweg verläuft nämlich entlang der Bahnlinie der S1 zwischen Bamberg und Nürnberg.

Beste Zeit: Ganzjährig am besten bei gutem Wetter. Die Öffnungszeiten der RadOase Schleuse 95 findet man unter www.facebook.com/people/schleuse_95

Dauer & Strecke: 4 Std. reine Fahrtzeit für 70 km. Einkehren und Städte am Weg besichtigen nach Lust und Laune on top.

Ausrüstung: Fahrradausrüstung und Kleingeld zum Einkehren. Wer sich für den Ausflug ein E-Bike leihen oder vor bzw. nach dem RegnitzRadweg Bamberg mit dem Bike erkunden möchte, kann dies bei oder mit Bamberg & Rad (www.bambergundrad.de) tun.

Der Main-Donau-Kanal verbindet die beiden Flüsse Main und Donau zu einer 171 Kilometer langen Bundeswasserstraße mit 16 Schleusen.

Zu guter Letzt wartet eine regelrechte Zieleinfahrt: durch Nürnberg und sogar mitten durch die bekannte Altstadt hindurch. Der RegnitzRadweg endet am Wöhrder See, einem künstlich angelegten Stausee, der ein beliebtes Naherholungsgebiet mitten in der Stadt ist. Nach dem langen Tag im Sattel kann man nun endlich aus den Schuhen raus und sich im Wasser des Sees erfrischen. Danach muss man nichts mehr ... außer vielleicht zur nahegelegenen Haltestelle Dürrenhof, von wo aus die S-Bahn einen zurück nach Bamberg bringt.

FAZIT: HERRLICHE LANDSCHAFT, SCHÖNE STÄDTE UND FRÄNKISCHE KÜCHE ... WAS WILL MAN BEI EINEM RADAUSFLUG MEHR?

IN FRANKENS WILDWASSER

... von Behringersmühle nach Streitberg

#27 *Aus einem Kajak lässt sich die Welt aus einer völlig neuen Perspektive erkunden: Dicht über der Wasseroberfläche sieht man, wie Enten sich zwischen den Gräsern verstecken, Libellen sich im Wasser spiegeln und Reiher von Baum zu Baum fliegen. Und mit ganz viel Glück entdeckt man eine Bisamratte oder gar einen Biber im Wasser.*

#unterwegsimKajak #stromabwärts #Paddelspaß

Beim Kajakfahren folgt man einfach dem Lauf des Flusses. Verfahren unmöglich! So kann man ganz entspannt paddeln.

Treffpunkt ist der Bahnhof in Behringersmühle. Hier stehen die Kajaks bereit und es gibt eine Einweisung zum Paddeln und zur Strecke, die sowohl über spritzige Stromschnellen als auch über ruhige Passagen führt. Außerdem wird erklärt, dass zwei Umtragestellen warten. Diese sind jeweils durch ein Schild gekennzeichnet. Dort ist es unbedingt erforderlich, an Land zu fahren und das Kajak zu Fuß zur nächsten Einstiegsstelle zu bringen.

Nach der Einweisung werden die Kajaks ans Ufer getragen und mit Wasser und Proviant in der kleinen zur Verfügung gestellten wasserdichten Tonne kann es losgehen. Mit einer Hand am Boot und einer an Land hält man das Paddelboot an Ort und Stelle. Mit einem Fuß voran lässt man sich langsam in die Sitzluke gleiten. Die Balance zu finden, kann am Anfang schwierig sein. Aber bereits nach kurzer Zeit fühlt es sich ganz natürlich an, sich pad-

delnd fortzubewegen. Die Strömung erfasst das Boot und mit kräftigen Paddelschlägen geht es vorwärts. Der Perspektivenwechsel zeigt Dinge, die einem sonst verborgen bleiben. Wie das kleine Vögelchen, das so schnell flattert, dass seine Flügel kaum mehr zu sehen sind. Wer Glück hat, begegnet einem Eisvogel, der flink wie eine Fee über die Wiesent zischt und mit seinem orange-blauen Gefieder schillernd zu leuchten scheint. Währenddessen wird das Kajak von Enten und anderen Vögeln am Ufer misstrauisch beäugt.

Kajakfahren trainiert den ganzen Körper! Nicht nur Brust und Arme profitieren von dem Workout, sondern auch die Beine ...

Dann ist auch schon die Sachsenmühle erreicht und damit die erste Umtragestelle. Es gilt, rechts ranzupaddeln und das Kajak über einen schmalen Pfad bis zur nächsten Einstiegsstelle zu tragen. Die Arme müssen also ihre Kraft unter Beweis stellen. Wer will, kann auch eine kleine Pause in der Sachsenmühle einplanen, wenn diese geöffnet hat.

Bis Muggendorf, der zweiten Umtragestelle, sind es etwa sechs Kilometer. In der Zeit können die Ruhe und der Ausblick genossen werden. Wer ein Wochenende zwischen Mai und Oktober für die Paddeltour gewählt hat, kann einen Blick auf die historische Eisenbahn (Eskapade #30) erhaschen, die an ausgewählten Tagen sogar von einer Dampflok gezogen wird.

Dann erheben sich die Dächer Muggendorfs über den Bäumen und der nächste Stopp ist nah. Diesmal liegt die Umtragestelle links. Hier sind Holzstämme in den Boden eingelassen, die es ermöglichen, das Kajak einfacher zur Einstiegsstelle zu ziehen. Wer möchte, kann aber auch erst einkehren, bevor es weitergeht.

Dann folgt der letzte Abschnitt, der nochmal etwa fünf Kilometer lang ist. Kurz vor dem Ziel gelangt man an ein kleines Highlight, das jedoch eine Überraschung bleiben soll. Dann heißt es: Endstation! Raus aus dem Kajak und schon hat man wieder dauerhaft festen Boden unter den Füßen. Der Rücktransport ist organisiert und erfolgt in kleinen Bussen.

Hin & weg: Am Ausgangspunkt gibt es Parkplätze. Wer mit öffentlichen Verkehrsmitteln anreist, kann die Buslinie 389 von Ebermannstadt nehmen und am Hotel Behringsmühle aussteigen. Von dort sind es etwa 350 m zu Fuß zum Ausgangspunkt der Kajaktour.

Beste Zeit: Sobald es warm genug ist.

Dauer & Strecke: Ca. 3 Std. reine Paddelzeit für 13 km. Einkehren und Sich-treiben-lassen kommen ganz nach Belieben obendrauf. Mit Rücktransport ist mit 4–6 Std. zu rechnen.

Ausrüstung: Je nach Bedarf Wasser, Snacks und Kleingeld zum Einkehren. Bei Kälteempfindlichkeit eventuell einen Neoprenanzug mitbringen. Wertsachen am besten zu Hause lassen oder in die wasserfest verschließbare Tonne packen, die man zum Tourenbeginn erhält. Kajaks können bei www.leinen-los.de reserviert werden.

FAZIT: EINE RASANTE KAJAKTOUR MIT ABENTEUERLICHEN STROMSCHNELLEN UND GANZ VIEL PADDELSPAß!

IM FELSEN-PARADIES

... am Rudolfstein und an den Drei Brüdern

#28

Südlich von Weißenstadt wartet im Schneebergmassiv ein Ort voller Legenden und mit historischem Hintergrund. Auf einer Wanderung kann die Region erkundet werden, die heute mit dem Gütesiegel »Bayerns schönste Geotope« ausgewiesen ist.

#Kletterfelsen #sagenumwoben #Naturdenkmal

Auf dem Rudolfstein genießt man ein Gefühl völliger Freiheit.

Zerklüftete Felslandschaften gibt es in Oberfranken so einige. Eine ganz besondere wartet auf dem Rudolfstein. Ab 857 gab es hier zwischen den bizarren Felstürmen, die durch eine Zauberhand in die Landschaft gestellt worden zu sein scheinen, eine Burg. Pfalzgraf Rudolf hatte sie errichtet und wurde so auch zum Namensgeber des Berges. Urkundlich erwähnt ist die Burg, die als Schloss Rudolfstein bekannt war, erst 1317. Sie wurde vollständig zerstört. Wann genau, ist unbekannt.

Rund 500 Meter vom Rudolfstein entfernt und über den Höhenweg leicht erreichbar, ragen weitere Felsen in die Höhe. Genau drei an der Zahl. Das sind die sogenannten Drei Brüder,

die der Sage nach entstanden sein sollen, als drei adelige Brüder vor Raubrittern flohen und von einem bösen Geist auf ihrer Flucht zu Stein verwandelt worden waren.

Bei einer Wanderung auf dem Rundweg Nummer 3 ab Weißenstadt liegen sowohl der Rudolfstein als auch die Drei Brüder am Weg. Vom Marktplatz geht es zunächst ein Stück bergab. An den historischen Felsenkellern vorbei führt der Wanderweg zu einer weiten grünen Landschaft. Dann ist der Wald erreicht und von nun an ein stetiges Bergauf, bis der Rudolfstein in einer Höhe von 860 Metern erreicht ist.

Eine Treppe ist in den Stein geschlagen und wird anschließend von einer weiteren Treppe abgelöst, die teils aus Holz und teils aus Stahl gefertigt ist. Die letzten Meter, die zu einer Aussichtsplattform auf dem Felsenturm führen, verlaufen wieder über eine Treppe im Stein. Ein Metallgeländer schützt davor, abzustürzen. Die Aussicht über Weißenstadt und das umliegende Fichtelgebirge machen Lust, hier eine Pause oder zumindest einen Fotostopp einzulegen.

An verschiedenen Kletterfelsen vorbei führt nun der Höhenweg weiter zu den bekannten Drei Brüdern. Auch hier warten Bänke, um sich niederzulassen und die Magie dieses beeindruckenden Naturschauspiels in sich aufzunehmen. Dann führt der Rundweg zurück nach Weißenstadt, und wer möchte, kann den Tag in der Therme Siebenquell ausklingen lassen und seinen Gliedern etwas Entspannung schenken.

Auch wenn der Weg nach oben über mehrere Treppen führt und damit Muskelkatergefahr birgt, ist er es absolut wert.

FAZIT: DIE EINDRUCKSVOLLEN FELSEN SIND NICHT NUR TOLL ZUM WANDERN, SONDERN MACHEN AUCH AUF FOTOS RICHTIG WAS HER.

Hin & weg: Wer mit dem Auto anreist, kann am Marktplatz parken oder alternativ den Wanderparkplatz Weißenstädter See ansteuern. Dieser ist im Sommer gebührenpflichtig. Mit dem ÖPNV gelangt man zum Beispiel mit der Buslinie 7628 nach Weißenstadt, die zwischen Kulmbach und Marktredwitz verkehrt.

Beste Zeit: Von März bis Oktober.

Dauer & Strecke: Ca. 3,5 Std. reine Gehzeit für 10 km. Mit Einkehren nach der Wanderung und Fotopausen zwischendurch mindestens 4,5 Std.

Ausrüstung: Eine Kamera und Kleingeld fürs Einkehren.

SONNENMILCH
30

WOHL-VERDIENTE AUSZEIT

... am Fichtelsee

#29

Einfach mal die Seele baumeln lassen. Das geht am Fichtelsee ganz wunderbar. Ob einfach im Halbschatten brutzeln, auf dem SUP durchs kühle Nass paddeln oder doch mit dem Tretboot den See erkunden ... hier wird es so schnell nicht langweilig!

#einTagamSee #Seenlandschaft #Lieblingsplatz

Heute ist er ein beliebtes Naherholungsgebiet. Doch früher sah das ganz anders aus. Auch wenn mittelalterliche Quellen von einem See berichten und alte Beschreibungen sogar von Wellen bis zum Berggipfel, widersprechen dem die aktuellen Erkenntnisse. Wo sich heute zwischen Ochsenkopf und Schneeberg elf Hektar Stauweiher erstrecken, war früher nur ein wasserreiches Hochmoor.

Tatsächlich wurde aus dem Moor erst nach und nach ein See, als zusätzliche Wasserkraft für den Bergbau benötigt wurde und man dafür das Wasser aufstaute. Seine jetzige Größe erreichte der Fichtelsee sogar erst in den 80er Jahren des 20. Jahrhunderts – nach einer Sanierung, die nötig wurde, weil der Damm undicht geworden war. Nach der Errichtung einer neuen Talsperre ergab sich auch die Erweiterung der Wasserfläche. Wer nun hier liegt, schwimmt und die Sonne genießt, kann sich kaum vorstellen, dass das nicht immer ein Naturparadies gewesen ist. Mittlerweile kann man einfach ankommen und sich wohlfühlen. Rund um den See gibt es Liegewiesen

---

Hin & weg: Wer mit dem Auto anreist, kann auf dem Parkplatz von Camping Fichtelsee parken. Parktickets können tageweise vor Ort, für eine Saison oder fürs ganze Jahr auf www.ochsenkopf.info gekauft werden. Für die Anreise mit dem Bus kann die Linie 329 aus bzw. nach Bayreuth oder Bad Berneck genommen werden.

Beste Zeit: Während der Badesaison.

Dauer & Strecke: Bis die Wohlfühlakkus durch die Auszeit am See wieder aufgefüllt sind.

Ausrüstung: Gute Laune, eine Picknickdecke, Badesachen und, falls vorhanden, ein eigenes SUP.

Keine 200 Meter vom See wartet ein Campingplatz mit einem Kiosk, sodass für Eis und kühle Getränke stets gesorgt ist. Richtig einkehren kann man im Hotel Am Fichtelsee.

und Einstiegsmöglichkeiten zum Schwimmen oder Paddeln. Fische gibt es nicht, da der See weiterhin durch das Hochmoor gespeist wird und der pH-Wert zu hoch ist.

Wer ein eigenes Stand-up-Paddelboard besitzt, kann den See damit erkunden oder sich einfach in der Sonne treiben lassen. Für alle anderen warten Tretboote, die für eine geringe Gebühr geliehen werden können. Wanderwege rund um den See ermöglichen die Erkundung vom Land aus. So vergeht ein Tag wie im Flug und es kann mit neuer Energie weitergehen.

FAZIT: ENTSPANNUNG PUR ODER WASSERSPORT UND WANDERN? AM FICHTELSEE IST ALLES MÖGLICH!

MIT VOLLDAMPF VORAUS

… an der Hindenburgbrücke in Gößweinstein

#30

Im 19. und der ersten Hälfte des 20. Jahrhunderts waren Dampflokomotiven die ersten selbstfahrenden Schienenfahrzeuge und gefeiertes Hilfsmittel, das den Transport von Personen und Gütern erleichterte. Heute sind sie das Sinnbild technischen Fortschritts und bringen nicht nur Kinderaugen zum Leuchten.

#Trainspotting #Fotofansaufgepasst #aufSchienen

Seit vier Jahrzehnten fährt die Dampfbahn Fränkische Schweiz von Ebermannstadt nach Behringersmühle und zurück. Jährlich erfreuen sich 25 000 Gäste an der historischen Eisenbahn und daran, wie der Fahrtwind ihnen die Haare verweht, wenn sie durchs heruntergeschobene Fenster hinaus ins idyllische Wiesenttal blicken. Wer die Lokomotive in action fotografieren möchte, der sollte sich zur Hindenburgbrücke aufmachen. Der Abschnitt, auf dem die Bahn über die Brücke über die Wiesent unterhalb von Gößweinstein fährt, ist

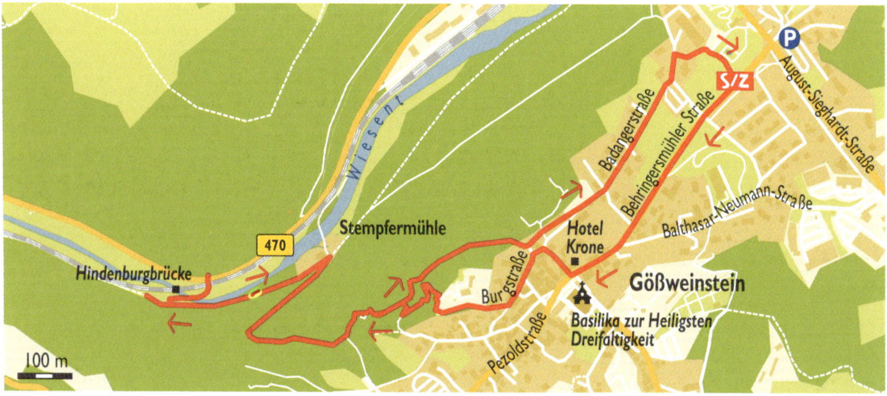

Nicht nur für Trainspotter ist die historische Dampflokomotive ein Highlight in der Fränkischen Schweiz.

nämlich der ideale Fotospot. Dafür muss man allerdings zunächst 150 Höhenmeter überwinden. Und zwar steil bergab ...

Über Treppen und schmale Pfade geht es von der Stadt abwärts bis ins Tal. Hier führen auch der Frankenweg und der Fränkische Marienweg entlang. Wer Glück hat, kann auch Kletterer an den steilen Hängen beobachten, die an den skurrilen Felsformationen, die durch das Jurameer entstanden sind, ihrem Hobby frönen. Unten angekommen, schlängelt sich die Lebensader der Fränkischen Schweiz, die Wiesent, durch ihr Bett inmitten der grünen Auen.

Schon bevor die Dampflok um die Ecke fährt, kündigt sie ihr baldiges Erscheinen durch das schrille »Tuuut« der Dampfpfeife an. Mit gezückter Kamera heißt es nun: warten! Aber nicht mehr lange. Langsam schiebt sich das gut 100 Tonnen schwere historische Monster durchs Wiesenttal. Sobald sie im Sichtfeld erscheint, bleibt genug Zeit für das perfekte Bild. Und zum Glück fährt sie ja mehrere Male vorbei. Jedes Mal riecht es nach Kohle, Dampf und Schmieröl. Eine Mischung, die Kindheitserinnerungen weckt.

Zwischen den Fahrten kann man sich und sein Stativ immer wieder neu positionieren und bei Bedarf auch auf die andere Uferseite wechseln. Am Ende wollen die 150 Höhenmeter in die andere Richtung überwunden werden. Wer mit Hunger oben ankommt, kann diesen zum Beispiel auf der Terrasse des Hotel Krone mit Blick auf die berühmte Basilika zur Heiligen Dreifaltigkeit stillen.

FAZIT: FÜR JEDEN FOTOFAN IST DIESER SPOT EIN ABSOLUTES MUSS UND AUCH EISENBAHN-LIEBHABER KOMMEN VOLL AUF IHRE KOSTEN.

Hin & weg: Am besten mit dem Auto nach Gößweinstein. Am Ortseingang und im Ort finden sich mehrere kostenpflichtige Parkplätze. Mit Öffis erreicht man Gößweinstein zum Beispiel mit der Buslinie 389 ab Ebermannstadt, wo auch die Dampflok losfährt.

Beste Zeit: Die historische Dampflok fährt nur im Sommer. Infos zu Zeiten, Haltestellen und eventuell Tickets gibt es auf www.dampfbahn.net

Dauer & Strecke: Etwa 1,5 Std. für 4,5 km. Fotografieren, was Motiv und Speicherkarte hergeben.

Ausrüstung: Festes Schuhwerk und eine Kamera mit Stativ.

Bärwurz,
Sauerampfer,
Vogelmiere,
Gundermann, Löwenzahn,
Frauenmantel
Zitronenmelisse, Thymian,
Oregano, Knoblauch

IM KRÄUTER-DORF

… in Nagel

#31

Der staatlich anerkannte Erholungsort Nagel lockt mit einer Wanderung der anderen Art. Denn hier haben Landschaft, Lage und Klima für eine besondere Fauna und Flora gesorgt. Auf einer Kräuterwanderung rund um den Naturbadesee erfährt man allerlei Wissenswertes rund um die wilden Gewächse.

#BlütenundMythen #Kräuterkunde #Naschenerwünscht

In dem Blütenparadies summt und brummt es. Bienen, Hummeln und auch Schmetterlinge lieben die Blütenpracht.

Mitten im Fichtelgebirge wartet im kleinen Örtchen Nagel das Paradies. Das sah auch schon Pfarrer Johann Will aus Creußen so, der 1692 die Region bereiste und daraufhin ein Buch mit dem Titel *Das Teutsche Paradeiß* verfasste. Damals wie heute war Nagel umgeben von einer unglaublichen Vielfalt an Pflanzen. An einigen der Sträucher knabberten sogar bereits Mammuts und die Heilkräuter tun Menschen und Tieren gleichermaßen seit Jahrhunderten gut.

Wer in eben dieses Paradies tiefer eintauchen möchte und mehr von den Wildkräutern erfahren möchte, der kann eine von einer Kräuterführerin begleitete Wanderung unternehmen. Der Rundweg um den See ist kaum mehr als einen Kilometer lang, aber die gesamte Tour dauert dennoch gut zwei Stunden. Für Langeweile bleibt dabei jedoch keine Zeit. Denn es ist unheimlich spannend, der Kräuterführerin zuzuhören, wie sie von allerlei Wirkungen der Kräuter spricht, die am Wegesrand wachsen. Dabei darf natürlich auch ausgiebig probiert werden.

So erfährt man zum Beispiel vom Spitzwegerich, einer alten germanischen Heilpflanze, die von Frühling bis Herbst zur Verfügung steht, um mit seiner Heilkraft bei Wehleiden für Linderung zu sorgen. Vor allem hilft er bei Problemen mit den Bronchien und Lungen, bei Ausschlägen und bei schwachem Magen. Er enthält zudem ein pflanzliches Antibiotikum. Ein kleines Universalgenie sozusagen! So lernt man als Mitwanderer Stück für Stück alles Wissenswerte über die Pflanzen, die eben gerade da sind. Bei so viel Input ist es schwer,

Der sechs Hektar große See wurde lange als Mühlweiher genutzt und gehört zu den ältesten Seen des Fichtelgebirges.

sich alles zu merken, gerade wo es doch so nützliche Infos sind. Daher hat Erika Bauer, die den Kräuterdorfverein ins Leben gerufen hat, ein kleines Büchlein erstellt. Darin finden sich alle Pflanzen, die um den Nagler See wachsen, und dazu eine kleine Heilkunde. Im letzten Teil des Büchleins gibt es ausgewählte Rezepte. So kann zum Beispiel nachgelesen werden, wie man aus oben genanntem Spitzwegerich Hustensaft macht.

Den krönenden Abschluss bildet eine Wildkräuterbrotzeit samt erfrischendem Kräuterumtrunk. Die Kräuterführerin richtet sich dabei ganz nach den Wünschen der Teilnehmer der Wanderung und so kann auch mal eine Kräuterpizza auf dem Tisch landen. In jedem Fall eine Abrundung des intensiven Kräutererlebnisses.

FAZIT: EINE LEHR- UND GENUSSREICHE WANDERUNG, VON DER MAN MEHR ALS NUR SCHÖNE ERINNERUNGEN MITNIMMT.

Hin & weg: Mit dem Auto kann man auf dem Parkplatz zum Nagler See oder am Friedhof Nagel parken. Eine Bushaltestelle oder einen Bahnhof gibt es leider nicht.

Beste Zeit: Führungen von Mai bis Oktober; Infos und Buchung unter www.kraeuterdorf-nagel.de

Dauer & Strecke: Ca. 2 Std. für die Wanderung , um den See. Mit Kochen und Essen nach der Wanderung ca. 4 Std.

Ausrüstung: Ein Notizbüchlein, um die vielen nützlichen Infos mitschreiben zu können, und Appetit auf die selbstgekochten Gerichte.

EIN PARK OHNE-GLEICHEN

... im Garten Sanspareil

#32

Wo einst eine wilde Landschaft zu finden war, entstand 1745 etwas ganz besonderes: Teils aus Felsen, teils aus Bäumen wurde hier ein Park errichtet, der der antiken griechischen Mythologie gewidmet ist.

#Wundergarten #bizarreFormationen #Felsenkulisse

Der Morgenländische Bau wurde zwischen 1744 und 1748 errichtet. Weitere kleinere Bauten in der Umgebung sind im Laufe der Zeit verloren gegangen.

Seit rund 800 Jahren thront die Burg Zwernitz auf einem markanten Dolomitfelsen über Wonsees und diente einst dem Markgraf Friedrich von Brandenburg-Bayreuth als Jagdschloss. Unterhalb wartet der heute als Sanspareil bekannte Garten. Denn da, wo das sogenannte Jurameer vor Jahrmillionen bizarre Felsentürme und scharfe Täler formte, entstanden Höhlen, Grotten und Kluften. Inspiriert von dem Vergleich zwischen dem unterhalb der Burg gelegenen Hain und der wild-romantischen Heimat von Odysseus und seinem Sohn Telemach Ithaka, den der Humanist Friedrich Taubmann anstellte, beschloss der Graf, einen Landschaftsgarten anzulegen. Das Programm basierte dabei auf dem Roman *Die seltsamen Begebenheiten des Telemach* von François de Salignac de la Mothe Fénelon.

Friedrich ließ den Morgenländischen Bau errichten, der ihm als Feriendomizil dienen sollte und in dessen Innenhof eine Buche wächst, und schuf einen 13 Hektar großen Park, bei dem die Übergänge zwischen Natur und Menschengemachtem fließend sind. Bei einem Besuch noch während der Bauzeit soll eine Hofdame ausgerufen haben »*Ah, c'est sans pareil!*« (»Ah, das ist ja ohnegleichen!«), worauf der Name von Zwernitz in Sanspareil geändert wurde. Als die Markgräfin auch noch

Wasserspiele einbauen wollte, stieß sie an die Grenzen des damals Möglichen und verlor infolgedessen das Interesse an dem Park.

Ab 1810 fiel das Markgrafentum Bayreuth und damit auch Burg und Garten an das Königreich Bayern. Niemand kümmerte sich mehr um den Steingarten und so verfiel er. Die Bauten, die teilweise aus Holz in die natürliche Basis eingearbeitet waren, verschwanden mit der Zeit. Heute sind nur noch der Morgenländische Bau, das Felsentheater und der Küchenbau zu sehen. Im Theater kann man mittlerweile seit 1985 wieder Vorführungen ansehen und sich so auf einem der 86 Sitzplätze in die Welt des 18. Jahrhunderts versetzen.

Wer sich selbst auf die Odyssee durch diesen einzigartigen Garten begibt, sollte Zeit mitbringen. Die Beschilderungen wollen gelesen werden. Die Vorstellung, wie alles früher ausgesehen haben mag, will vor dem inneren

---

Hin & weg: Am Morgenländischen Bau gibt es viele Parkmöglichkeiten. Wer mit öffentlichen Verkehrsmitteln anreist, kann die Buslinie 8435 ab Kulmbach nehmen und in Wonsees aussteigen. Von dort sind es etwa 1,5 km bis zur Burg Zwernitz.

Beste Zeit: Der Felsengarten selbst ist ganzjährig zugänglich. Burg und Morgenländischer Bau sind von April bis Oktober geöffnet (Infos zu Öffnungszeiten und Eintrittspreisen: www.bayreuth-wilhelmine.de). Vorstellungen im Theater gibt es nur in den Sommermonaten (Infos zu Tickets und Spielterminen: www.studiobuehne-bayreuth.de).

Dauer & Strecke: Lustwandeln im Park und Besuch von Burg und Morgenländischem Bau nach Gusto – für alles zusammen am besten einen ganzen Tag einplanen.

Ausrüstung: Ein Buch über Odysseus und Telemach, um selbst nachzulesen, was das Markgrafen-Paar inspiriert hat. Kleingeld für etwaige Eintrittsgelder.

Durch Schilder im ganzen Park erfährt man Hintergründe und Einzelheiten zu den verschiedenen Bauten.

Auge entstehen. Und wer gegen eine Gebühr die Museen in Burg und Morgenländischem Bau besichtigen oder gar eine Vorführung im Ruinentheater besuchen möchte, der kann sich auf einen ausgiebigen Ausflug in die Vergangenheit freuen.

FAZIT: EIN GARTEN, DER DIE BESONDERHEIT DER NATUR VOR ORT MIT DEN VORSTELLUNGEN DER NOBLESSE DES 18. JAHRHUNDERTS VEREINT, MACHT DEN AUSFLUG ZU EINEM SPANNENDEN ERLEBNIS.

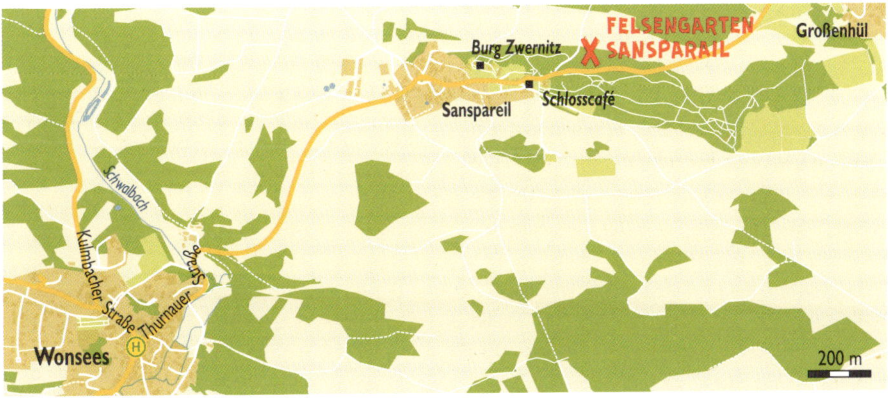

EIN SOMMER-NACHTS-TRAUM

… … in der Eremitage von Bayreuth

#33

Was einst ein Wildgehege war, ist heute geprägt von prachtvollen Bauten, Wasserspielen und künstlichen Ruinen. Die Eremitage ist ein historischer und eindrucksvoller Landschaftsgarten und sogar offiziell einer von 74 Ortsteilen der Stadt Bayreuth.

#höfischeEinsiedelei #WilhelminesBayreuth #historischeParkanlage

In den künstlich angelegten Beeten kann man allerlei Schmetterlinge beobachten.

Die Geschichte der Eremitage in Bayreuth beginnt im 17. Jahrhundert. Markgraf Christian Ernst baute das damalige Waldgehege zu einem Tierpark um, indem er eine Treibjagd veranstaltete, um Wild in das Gehege zu locken. Er legte zudem verschiedene Grotten und Brunnen an. Aber erst Markgräfin Wilhelmine baute den Park ein knappes Jahrhundert später so um, dass er zu einem Meilenstein des europäischen Landschaftsbaus wurde.

In seinem Zentrum steht das Alte Schloss, das zu einem kleinen Sommerschloss umgebaut wurde. Hier schrieb Wilhelmine ihre Memoiren. Zwischen 1743 und 1751 ließ sie das Ruinentheater, die Untere Grotte, das Neue Schloss und die Obere Grotte errichten, die noch heute Besucher in ihren Bann ziehen. Die Markgräfin setzte dabei auf Elemente

Die Wasserspiele am Neuen Schloss erfreuen die Besucher jeweils zur vollen Stunde. An der Unteren Grotte erlebt man sie 15 Minuten später.

des Barocks und schuf ein Musterbeispiel für Gartenanlagen dieser Zeit. Und so wurde die höfische Einsiedelei, die dem Markgrafenpaar eigentlich ein Rückzugsort sein sollte, zu einem Ort der Geselligkeit und des *savoir vivre*.

Heute kann man stundenlang durch den Garten schlendern, die Wasserspiele an den verschiedenen Orten genießen und im Museum Wissenswertes über die Vergangenheit dieses eindrucksvollen Ortes und seiner Erbauer lernen. Einen besonderen Anblick bietet das Neue Schloss: in seiner Mitte steht ein Tempel, dessen Außenwände und Säulen vollständig aus farbenfrohen Steinen, Kristallen und Glasstücken gemacht sind. Dieses außergewöhnliche Mosaik wird gekrönt von einem Kuppeldach mit einer vergoldeten Quadriga, die von einem fackeltragenden Apollo gelenkt wird. Dieses Sinnbild der Sonne hat dem Bau seinen Namen gegeben: Sonnentempel. Direkt davor liegt die Obere Grotte, ein Brunnen, mit Fontänen in Form von Wassergöttern, Nymphen und Delfinen.

Ein Tag vergeht an diesem zauberhaften Ort wie im Fluge, weil es so viel zu entdecken, zu bewundern und zu fotografieren gibt.

Hin & weg: Es gibt einen kostenfreien Großparkplatz an der Eremitage. Oder mit der Buslinie 303 vom Hauptbahnhof Bayreuth zur Haltestelle Parkplatz Eremitage.

Beste Zeit: Die Eremitage selbst ist ganzjährig zugänglich. Das Museum im Alten Schloss ist von April bis Oktober geöffnet.
Auch die Wasserspiele laufen nur in diesen Monaten (Infos zu Öffnungszeiten, Eintrittspreisen & Wasserspielen: www.bayreuth-wilhelmine.de).
Vorstellungen im Theater finden ebenfalls nur in den Sommermonaten statt (Infos zu Tickets und Spielterminen: www.studiobuehne-bayreuth.de).

Dauer & Strecke: Durch den Park flanieren sowie Besuch der Wasserspiele und Schlösser so lange man möchte, aber man sollte mindestens einen halben Tag vorsehen.

Ausrüstung: Eine Kamera, um die beeindruckende Szenerie festzuhalten. Kleingeld für etwaige Eintrittsgelder und Snacks für zwischendurch.

FAZIT: BEEINDRUCKEND. BEEINDRUCKENDER. BAYREUTHER EREMITAGE. WER AUS DEM STAUNEN NICHT MEHR HERAUSKOMMEN MÖCHTE, DER SOLLTE DIESE HISTORISCHE PARKANLAGE BESUCHEN.

AN DER WILDEN RODACH

... von Unterrodach nach Schnappenhammer

#34

In Wallenfels wartet ein feucht-fröhlicher Spaß, der Einblick in ein Traditionshandwerk des Frankenwalds gewährt: die Flößerei. Rau und naturverbunden sollen die Flößer sein. Ob dies der Wahrheit entspricht, kann man hier am eigenen Leib erfahren.

#FlößereiimFrankewald #ImmateriellesKulturerbe #Traditionshandwerk

Im Dezember 2022 hat die UNESCO die Flößerei als Immaterielles Kulturerbe in seine Liste mit aufgenommen.

Die Flößerei ist ein altes Handwerk. Bereits 1386 wurde sie zum ersten Mal urkundlich erwähnt und hatte maßgeblichen Einfluss auf den Handel. Die Wälder und vielen Flüsse des Frankewalds boten ideale Voraussetzungen, sodass die Flößer der Gegend seit dem Mittelalter Orte, die sie über Rhein und Main erreichten, mit Holz versorgten – bis nach Amsterdam. Siedlungen und soziale Strukturen wurden von Handwerkern geprägt, die mit Flößen, Wehren und Gräben zu einer erheblichen Veränderung der Landschaft beitrugen. Diese alte Tradition ist im Frankenwald noch immer erlebbar. Auch wenn sie heute nicht mehr gewerblich ausgeübt wird, werden in den warmen Monaten dennoch Floßfahrten angeboten und man ist weiterhin stolz auf das historische Erbe.

Die Wanderung beginnt am Flößermuseum im Flößerdorf Unterrodach. Es wurde 1968 in Erinnerung an die lokale Tradition eingerichtet, die in den 1950er Jahren ein Ende fand. Durch den Ort hindurch führt der Weg ins Rodachtal. Zunächst geht es nach Zeyern und dann weiter nach Erlabrück. Kurz nach dem Ort verläuft der Weg unter einer Unterführung hindurch und schließlich nach rechts weiter in Richtung Wallenfels.

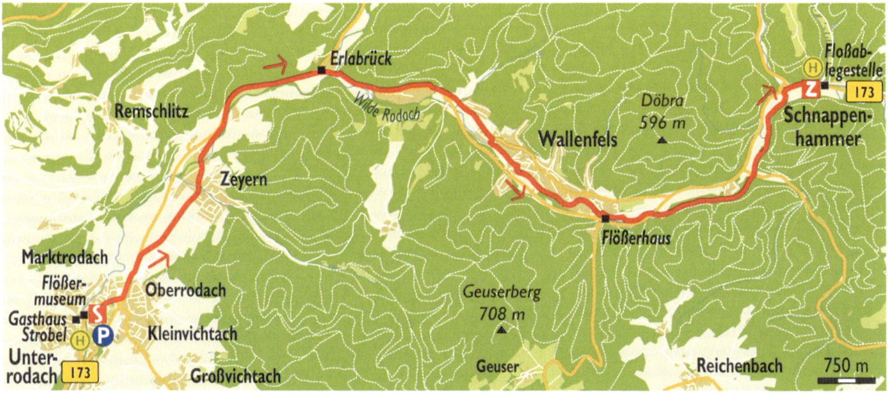

Die Wilde Rodach entspringt am Fuße des Döbrabergs und mündet bei Erlabrück in die Rodach, die ab dann auch Zahme Rodach genannt wird.

Erst dort trifft der Weg wieder auf die Rodach. Nach 9,7 Kilometern ist das Flößerhaus erreicht, an dem die Flöße nach ihren Fahrten anlegen. Wenn es geöffnet hat, kann man einkehren und selbst überprüfen, ob die Legende wahr ist, dass Flößer besonders trinkfest sind. Tarifvertraglich standen jedem Flößer täglich fünf Liter Bier zu.

Dann heißt es: Endspurt! Die restlichen vier Kilometer läuft man parallel zur Rodach, bis in Schnappenhammer die Floßablegestelle erreicht ist. Wer gut geplant und Glück mit dem Wetter hat, kann den Rückweg zumindest bis Wallenfels mit dem Floß antreten. Alle anderen bringt ein Bus zurück nach Unterrodach.

Hin & weg: Es gibt einen kostenfreien Parkplatz unweit des Flößermuseums. Vom Endpunkt kann man entweder mit dem Floß zurück nach Wallenfels fahren oder mit dem Bus der Linie 9 zurück nach Unterrodach (Fahrtzeiten und Streckeninfo auf www.landkreis-kronach.de).

Beste Zeit: Wenn die Floße fahren und der Rückweg zum Teil auf der Rodach stattfinden kann – Termine auf www.flossfahrt-wallenfels.de. Die Fahrten werden nur zu bestimmten Terminen und bei gutem Wetter angeboten.

Dauer & Strecke: Ca. 3,5 Std. für knapp 14 km.

Ausrüstung: Wechselkleidung, falls für den Rückweg die Floßfahrt geplant ist. Kleingeld zum Einkehren und eventuell für die Busfahrt zurück zum Ausgangspunkt.

FAZIT: EINE SPANNENDE WANDERUNG, DIE EINEN EINBLICK IN DIE LANGE TRADITION DER FLÖßEREI GEWÄHRT.

GRENZ-GÄNGER

... in Mödlareuth

#35

Es wurde auch Little Berlin genannt. Dieses 40-Seelen-Dorf, durch das bis 1989 eine Grenze verlief, die Familien und Freunde trennte. Heute ist der Ort mit dem Deutsch-Deutschen Museum eine Gedenkstätte zur deutschen Teilung und ein Mahnmal für kommende Generationen.

#DeutschDeutscheGeschichte #grünesBand #erlebbareVergangenheit

Überbleibsel machen die Zeit vor der Wende anschaulich und erlebbar.

Mitten durch das beschauliche Örtchen Mödlareuth fließt der Tannbach. Dieser markiert heute die Grenze zwischen Bayern und Thüringen. 41 Jahre lang war diese Grenze jedoch nicht rein natürlich. Denn hier verlief die innerdeutsche Grenze – zunächst in Form eines Bretterzaunes, ab 1958 als Stacheldrahtzaun und ab 1966 im Ausmaß einer Betonmauer, die der Berliner Mauer glich. Außerhalb der Ortschaft waren die Grenzen der DDR mit Sperranlagen befestigt, die sogar über Selbstschussanlagen verfügten. Das Leben innerhalb der Grenzen war geprägt von schärfster Überwachung.

Bereits kurz nach der Wiedervereinigung entstand die Idee, in Mödlareuth ein Freilichtmuseum zu schaffen. Dieses kann seit 1994

besucht werden und zeigt Exponate der einstigen Grenzanlage. Einige Teile sind Originalstücke, andere sind nachgebaut worden. Ein Kurzfilm veranschaulicht den Alltag im geteilten Mödlareuth.

Darüber hinaus wurde hier auch ein Wanderweg eingerichtet. Die Wanderung beginnt direkt am Museum. Wer mehr Infos möchte, sollte vor der Tour die Sonderausstellung besuchen und sich den Kurzfilm anschauen. Auf den ersten Metern des Wanderwegs passiert man einige Exponate des Freilichtmuseums. Ehemalige Wachtürme, Originalteile der Mauer und ein alter Panzer gewähren Einblick in die Geschichte.

Fast fünf Kilometer läuft man geradeaus. Durch Felder und Wälder. Ein Schild am Wegesrand erklärt, dass an dieser Stelle rund 500 Jahre eine Mühle ihr Werk verrichtete. Sie wurde Anfang der 1950er Jahre abgerissen, weil sie zu nah an der Grenze stand. Die Landschaft verändert sich immer wieder,

---

Hin & weg: In Mödlareuth gibt es mehrere Parkmöglichkeiten für Museumsbesucher und Wanderer. Alternativ kann man mit der Buslinie 710 von Gefell anreisen. Oder mit der Linie 155 von Hof bis zur Haltestelle Juchhöh. Von dort sind es noch 2 km zu Fuß zum Museum.

Beste Zeit: Das Museum ist ganzjährig geöffnet. Mehr Infos zu Öffnungszeiten und Eintrittspreisen auf www.moedlareuth.de. Der Wanderweg ist am schönsten im Frühling, wenn die Apfelbäume am Wegesrand blühen, oder im Herbst, wenn die Äpfel durchs bunte Herbstlaub leuchten.

Dauer & Strecke: Knapp 3 Std. für die Wanderung mit 11,8 km. Besuch im Museum je nach Lust und Wissensdurst. Insgesamt ca. 5 Std. einplanen.

Ausrüstung: Kleingeld für den Eintritt.

Schilder entlang der ehemaligen Grenze lassen verlauten, wann genau an der entsprechenden Stelle die Mauer fiel.

aber eines bleibt: dass man parallel zur alten Grenze wandert.

Nach ca. 4,5 Kilometern führt die Route steil bergab. Vorbei an einem Pavillon, Pößneckers Hütte genannt, wie die Aufschrift verrät, gelangt man hinab ins Tal zum Tannbach. Letzterer wird überquert und durch einen blau-weißen Pfosten ist erkennbar, dass man sich nun in bayerischem Territorium befindet. Was 41 Jahre lang undenkbar war, kann heute wieder geschehen, ohne einen Gedanken daran zu verlieren: einfach die Bachseite wechseln.

Steil bergauf geht es vom Ufer aus durch den Wald. Dann verläuft der Weg bergab und die Ausläufer von Töpen sind erreicht. Durch den Ort hindurch und vorbei am Sportplatz wandert man an Apfelbäumen entlang aus Töpen hinaus bis zum Waldrand. Durch ein letztes Waldstück gelangt man zurück nach Mödlareuth und zum Deutsch-Deutschen Museum, dem Ausgangspunkt der Wanderung.

FAZIT: EINE WANDERUNG, DIE EINEN KLEINEN EINBLICK IN DUNKLE TAGE DEUTSCHER GESCHICHTE GIBT. TRAURIG, ABER WICHTIG!

AM FRANKEN-FJORD

… um die Ködeltalsperre

#36

Ein Fjord im Frankenwald? Natürlich wartet hier kein Meeresarm, der durch einen wandernden Talgletscher entstand und nun ins Festland hineinragt. Dennoch mutet die Trinkwassertalsperre Mauthaus, genannt Ködeltalsperre, ein bisschen wie ein solcher an.

#Trinkwasser #Talsperre #WasserdesLebens

Teile des Wanderwegs um die Ködeltalsperre überschneiden sich mit dem fränkischen Marienweg.

20 Kilometer nordöstlich von Kronach verbirgt sich im Tal der Nurner Ködel eine Trinkwassertalsperre, die sich malerisch durch die Hänge des Tales im Frankenwald windet. Sie wurde Ende der 1960er bzw. Anfang der 1970er Jahre gebaut, um Oberfranken mit Trinkwasser zu versorgen. Dafür fasst sie mehr als 20 Millionen Liter Wasser und ist bis zu 60 Meter tief. Außerdem sollte sie dem Hochwasserschutz, der Niedrigwasseraufhöhung und Stromerzeugung dienen. Seit 1975 ist sie als erste Trinkwassertalsperre Bayerns in Betrieb.

Die Talsperre ist jedoch nicht nur nützlich. Die Einbettung in die bewaldeten Hügel machen sie auch zu einem beeindruckenden Ausflugsziel. Ein asphaltierter Rundweg mit 11,5 Kilometer Länge lädt zum Wandern, Radfahren oder Inlineskaten ein. Nach 4,5 Kilometern, auf denen man durch die Bäume Blicke auf das herrliche Panorama erhaschen kann, trennt eine Brücke das Staubecken vom Vorstaubecken. Der ausgeschilderte Rundweg führt hier über die Brücke. Wenn es ein bisschen mehr sein darf, ist es aber möglich, auch noch um das Vorstaubecken und einen Teil der Ködel, die das Becken speist, zu laufen. Einfach geradeaus weitergehen und nach wenigen hundert Metern endet der Asphaltweg. Man wandert nun auf Schotterstraßen und Forstwegen für fast sieben Kilometer naturnäher durch den Wald. Den Klängen des Waldes lauschen? Das geht hier ganz wunderbar!

Dann ist auch das Vorstaubecken wieder durch die Bäume zu erkennen und die Brücke bald erreicht. Nun geht es auf dem ausgeschilderten Rundweg weiter. Weitere sieben Kilometer führt er auf der Westseite um das Staubecken herum, das größere Ausbuchtungen vorzuweisen hat als die Ostseite. Bänke laden zum Ausruhen und Genießen der Aussicht ein. Wer an ein Lunchpaket gedacht hat, ist hier klar im Vorteil. An sonnigen Tagen verlängert das bewundernswert grün leuchtende Wasser vermutlich die Pause. Kurz vor Ende des Rundwegs weisen Schilder den Weg zum Ködelblick – einer kleinen ausgebauten Plattform mit Aussicht über die Talsperre. Nach der Überquerung des Staudamms ist der Rundweg geschafft. Von dort kann man noch einmal den Blick über die Ködeltalsperre schweifen lassen.

Hinter jeder Ecke verbirgt sich ein neuer atemberaubender Ausblick.

FAZIT: WANDERN MIT BESONDEREM PANORAMA – EGAL OB IN KURZER ODER LANGER VARIANTE, HIER GIBT'S FÜR JEDE:N EINE PASSENDE TOUR!

Hin & weg: Ca. 200 m von der Talsperre entfernt wartet ein Parkplatz auf Wanderer.

Beste Zeit: Ganzjährig möglich. Im Herbst verwandelt sich die Landschaft um die Talsperre in eine bunte Indian Summer Location.

Dauer & Strecke: Ca. 5 Std. für die Wanderung mit 19 km. Wer abkürzt, wandert nur ca. 2,5 Std. und 11,5 km.

Ausrüstung: Wanderschuhe und ein Fotoapparat.

ÜBER DEN BÄUMEN

… im Steigerwald

#37

Nach dem Spessart ist der Steigerwald das größte Laubwaldgebiet in Bayern. Wer sich mehr mit Themen rund um den Wald und die Forstwirtschaft beschäftigen möchte, erfährt im Baumwipfelpfad nicht nur allerlei Wissenswertes, sondern es wartet gleichzeitig auch ein fantastischer Ausblick.

#hochhinaus #überdenBaumkronen #Waldbadenmalanders

Kaum ist der Eingang passiert, beginnt eine Reise durch den Wald. Anhand von Infotafeln werden verschiedene Themen behandelt: der Natur-, Wirtschafts- und Lebensraum Wald. So ist man angeregt, immer wieder die Perspektive zu wechseln – und zwar in jedem Sinne des Wortes, also optisch wie gedanklich. Interaktive Elemente kommen durch die

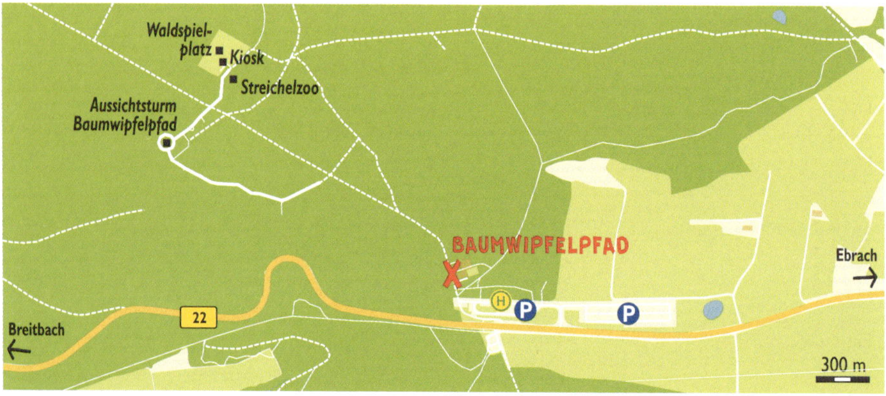

In der Mitte des Baumwipfelpfads wächst mächtig und imposant eine einzelne Buche.

Wipfel-App mit ins Spiel, die zum Beispiel Quizfragen und Augmented Reality bereithält. Wenn man sich dem Aussichtsturm nähert, verläuft der Pfad über ein Rotwildgehege hinweg. Rehe und Hirsche können so in ihrem natürlichen Umfeld aus nächster Nähe erspäht werden.

Ein Highlight für Groß und Klein! Vogelhäuser auf Augenhöhe geben die Möglichkeit, die flatternden Tierchen zum Beispiel bei der Aufzucht ihrer Jungen zu beobachten. Dann geht es aufwärts. Immer im Kreis, aber nie mit mehr als sechsprozentiger Steigung und damit sogar mit Rollstuhl oder Kinderwagen gut machbar, läuft man den sich nach oben öffnenden Holzturm in einer Spirale hinauf. Insgesamt gilt es, 1150 Meter auf dem Holzsteg zurückzulegen, der sich nach und nach durch den Wald nach oben windet.

Aus 42 Metern Höhe sieht die Welt plötzlich ganz anders aus. Während der Aussichtsturm umrundet wird, erklären kleine Schilder, welcher Ort in der Richtung liegt, in die man blickt. Sichtbar ist jedoch nichts als Wald, der sich unter einem erstreckt. Ein erhabenes Gefühl!

Wer sich sattgesehen hat – wobei, ist das überhaupt möglich? – kann den Rückweg antreten. Um vom Turm zu gelangen, folgt man zunächst derselben Spirale, die man zuvor erklommen hat. Unten angekommen, einfach immer den Schildern nach in Richtung Ausgang. Nach der Drehtür wartet ein Kiosk, sodass für leibliches Wohl gesorgt ist. In einem Mufflongehege kann man sich an dem Anblick der Wildschafe erfreuen.

Hin & weg: 400 m vom Eingang des Pfads ist ein Parkplatz. Wer mit dem Bus anreisen möchte, kann zum Beispiel die Linie 991 von Bamberg nehmen.

Beste Zeit: Ganzjährig möglich.

Dauer & Strecke: Ca. 2 Std. um entspannt den Weg abzulaufen. Mit Genießen, Einkehren und Besuch des Spielplatzes ein halber Tag. Öffnungszeiten und Führungen unter www.baumwipfelpfadsteigerwald.de

Ausrüstung: Kleingeld zum Einkehren und für den Futterautomaten. Kamera nicht vergessen – man ist nicht alle Tage in bzw. über den Baumwipfeln!

FAZIT: EIN KLEINES ABENTEUER FÜR DIE GANZE FAMILIE!

HÖHLEN-ZAUBER

... in und um die Binghöhle

#38

Einfach eintauchen in die glitzernde Tiefe: Höhlen bieten eine faszinierende Erlebniswelt unter der Erde. So auch in der Binghöhle bei Streitberg. Hier warten Jahrmillionen Erdgeschichte auf wissbegierige Besucher und machen die Tour zu einem Fest für die Sinne.

#eineverborgeneWelt #GeologiemachtSpaß #Erlebnispfad

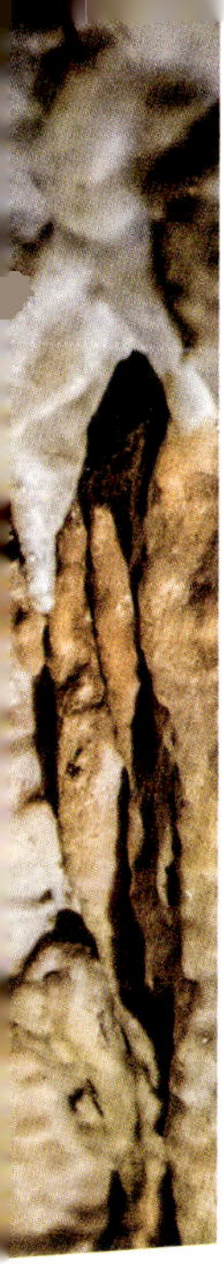

Eigentlich hatte Ignaz Bing nach prähistorischen Artefakten gesucht. Eine Höhle zu finden hatte er wohl nicht erwartet.

Der Naturpark Fränkische Schweiz hält nicht nur oberirdisch jede Menge Schönheit bereit. Er verfügt auch über eine sagenhafte unterirdische Landschaft, die in ganz Deutschland einzigartig ist. Mehr als 2000 Höhlen gibt es hier nämlich. Sie sind ein Relikt des Frankenjura und so erzählt jede Höhle eine Geschichte längst vergangener Tage. Eine der für die Öffentlichkeit zugänglichen Höhlen ist die Binghöhle. Sie wurde 1905 von Ignaz Bing entdeckt. Anders als die anderen Höhlen liegt sie nicht im Schwammkalk oder Dolomit. Stattdessen ist sie von geschichtetem Kalk umgeben. Die Höhle verläuft über 300 Meter an der Stelle eines Flusses, der durch die Absenkung des Grundwasserspiegels ausgetrocknet ist. So konnten die bizarren Tropfsteingebilde und Sinterformationen entstehen, die heute in der modernen Beleuchtung glitzern. Entlang des Weges finden sich immer Beschreibungen, sodass auch ohne Tour klar wird, wann man vor der etwa 150 000 Jahre alten Riesensäu-

Die Umgebung zur Bing-Höhle ist zu jeder Jahreszeit schön. Auch wenn die Höhle geschlossen hat, kann man also eine Wanderung einplanen ...

le oder im größten Raum der ganzen Höhle, im Kerzensaal, steht. Nach der Besichtigung der Höhle lockt ein Spaziergang in die Umgebung. Das erste Ziel ist der Prinz-Rupprecht-Pavillon, ein dorischer Rundtempel, der 1904 zu Ehren des Prinzenbesuchs errichtet wurde. Hier wartet der schönste Blick auf Streitberg und die Streitburg. Vom Tempel geht es auf einem schmalen Pfad abwärts durch den Wald. Unten angekommen, weisen Schilder den Weg entlang des geologischen Lehrpfads, einem Rundweg, auf dem in zwölf Stationen geologische Sehenswürdigkeiten präsentiert werden.

Dann sind die Kalktuffterrassen erreicht, von denen der Wedenbach in kleinen Wasserfällen hinabplätschert. Der geologische Prozess der Kalktuffbildung hält bis heute an, da sich Kalk aus dem Quellwasser absetzt. Wer ganz großes Glück hat, kann hier sogar einem Feuersalamander begegnen.

Hin & weg: Am besten mit dem Auto am Parkplatz Schauertal direkt unterhalb der Binghöhle parken. Weitere Parkplätze befinden sich am Höhlenausgang und in Streitberg. Mit der Buslinie 231 kann man aus Richtung Ebermannstadt oder Muggendorf auch mit öffentlichen Verkehrsmitteln anreisen. Ausstieg an der Haltestelle Streitberg Bürgerhaus.

Beste Zeit: Von April bis Oktober. Im Winter ist die Höhle geschlossen bzw. wird nur im Rahmen angemeldeter Führungen geöffnet. Infos zu Öffnungszeiten, Führungen und Tickets unter www.binghoehle.de

Dauer & Strecke: Für Höhlentour, Erlebnispfad und Aussicht auf der Streitburg genießen ca. 4 Std. Die Wanderung allein ist 3,2 km lang.

Ausrüstung: Warme Kleidung oder zumindest eine warme Jacke für die Höhle sowie Snacks und eine Picknickdecke für eine Pause an der Streitburg.

Das letzte Ziel des Rundwegs ist die Streitburg, die überwiegend aus besagtem Kalktuff erbaut wurde. Die hochmittelalterliche Burg war während des Dreißigjährigen Krieges niedergebrannt und später als Steinbruch verwendet worden. So sind heute nur noch das Burgtor und Teile der Wallmauer erhalten. Farne wachsen aus den Mauerfugen und Wiesen bieten bei gutem Wetter die Gelegenheit für ein Picknick oder zumindest eine Pause, um die Aussicht auf Streitberg zu genießen. Auch der Prinz-Rupprecht-Tempel ist von hier sichtbar. Der krönende Abschluss des Rundgangs.

FAZIT: EINE SPANNENDE TOUR FÜR KLEIN UND GROß – UNTER- WIE OBERIRDISCH!

EINE REISE DURCH DIE HISTORIE

... in Kronach

#39

In Kronach wartet 1000-jährige Geschichte darauf, live erlebt zu werden. Auf der Festung Rosenberg, in der Oberen Stadt sowie im Landesgartenschau-Park reist man durch die Zeit – es gibt so einiges zu erkunden.

Eine Promenade mit der Stadtgeschichte geleitet einen in den Skulpturenpark.

Die Geschichtsaufzeichnungen der katholischen Stadt Kronach beginnen fast punktgenau um die erste Jahrtausendwende. Erst im 13. Jahrhundert jedoch wurde die Festung Rosenberg gebaut, die den Bürgern der Stadt Schutz während der Kriege bot. Und weder Stadt noch Festung wurden jemals eingenommen. Mit vor Stolz geschwellter Brust erzählen die Bürger noch heute die Geschichte der tapferen Weiber von Kronach. Als die Schweden im Dreißigjährigen Krieg kurz vor der Eroberung Kronachs standen, waren es die Frauen, die entscheidend dazu beitrugen, die Angreifer zum Rückzug zu bringen. Sie kochten alles, was sie finden konnten, gossen es von der Stadtmauer hinab und

Lucas Cranach der Ältere – einer der bedeutendsten Renaissance-Maler – benannte sich nach seiner Heimatstadt.

verbrannten damit die Köpfe der Schweden. So blieb Kronach eine katholische Enklave im lutherischen Land.

Hin & weg: Am besten auf dem Rathausparkplatz oder um das Rathaus herum in der Altstadt parken. Alternativ zum Beispiel mit der Regionalbahn 14 von Bamberg Richtung Saalfeld nach Kronach zum Bahnhof und von dort in die Tour einsteigen (die Stadtwanderung führt in der Nähe des Bahnhofs vorbei) oder mit dem Stadtbus zum Rathaus hochfahren.

Beste Zeit: Ganzjährig schön. Am besten zum Sonnenuntergang das Abendessen auf der Festung genießen.

Dauer & Strecke: Etwas mehr als 1 Std. reine Gehzeit. Mit Einkehr auf der Festung, Besuch der Kirche und Auseinandersetzung mit den Skulpturen ca. 4 Std.

Ausrüstung: Kleingeld für die Bratwurst zum Abschluss.

Die Altstadt umgibt eine vollständig erhaltene Stadtmauer, die die Erinnerung an die Tapferen Weiber wachhält.

Die Stadtwanderung beginnt an der Festung und führt von dort über die Kopfsteinpflasterstraße hinab zur sogenannten Oberen Stadt. So wird die historische Altstadt genannt, die auf einem Bergsporn thront. Sie verzaubert die Besucher mit dem mittelalterlichen Charme der restaurierten Bauwerke.

Häuser, Brunnen und Statuen sehen aus wie aus einem Geschichtsbuch. Nur der eine oder andere Neubau wie das Rathaus sowie die Autos beweist, dass man sich im 21. Jahrhundert befindet. Vor dem Rathaus wartet neben einem Modell der mittelalterlichen Stadt auch eine Statue von Lucas Cranach d. Ä., dem berühmtesten Sohn der Stadt.

Durch malerische Gassen und vorbei an hübschen Plätzen flaniert man zur Pfarrkirche St. Johannes und der Annakapelle, die als Friedhofskapelle und Beinhaus diente. Neben der Kapelle leitet eine Treppe hinab zur Unteren Stadt und geradewegs zum Landesgartenschau-Park. Er befindet sich am Zusammenfluss von Haßlach, Kronach und Rodach.

Das 14 Hektar große Gelände war ursprünglich ein unansehnliches Gewerbegebiet. Die Bundesgartenschau 2002 sollte eine der größten Altlastensanierungen Bayerns bringen. Heute, mehr als 20 Jahre später, ist es eine Oase der Ruhe und bietet Bürgern wie Besuchern ein abwechslungsreiches Veranstaltungsprogramm. Entlang einer Promenade am Fluss vom Eingang des Geländes Richtung Seebühne, wird die Stadtgeschichte durch Bronzetafeln in Form von Bodeneinlassungen dargestellt. Ein Skulpturenpark mit 16 Kunstwerken sowie das Video-Kunstwerk *Waterfire* machen den Park zu etwas ganz Besonderem.

Danach geht es wieder hoch zur Festung Rosenberg. Dort gibt es unter anderem die typische Fränkische Bratwurst, die hier mit Blick über das schöne Kronach genossen werden kann.

FAZIT: EIN STADTRUNDGANG, DER EINEN SPANNENDEN EINBLICK IN DIE GESCHICHTE GEWÄHRT!

AB IN DEN SCHNEE!

... auf dem Ochsenkopf

#40

Der Ochsenkopf ist mit knapp über 1000 Metern der zweithöchste Berg in Oberfranken. Es ist also nicht verwunderlich, dass der Gipfel in der kalten Jahreszeit zu einem weißen Winterparadies und zum Mekka von Wintersportlern wird. Auch zum Schneeschuhwandern.

#Winterwonderland #Schneeschuhe #durchtiefenSchnee

Es gibt kein schlechtes Wetter. Es gibt nur schlechte Kleidung. Wenn nötig, bekommt man die passende Ausrüstung in Bischofsgrün.

Wie mit Puderzucker bestreut, erscheint der Gipfel des Ochsenkopfs im Winter. Wintersport-Fans kommen in Scharen. Denn hier gibt es nicht nur den nötigen Schnee, sondern auch die entsprechende Infrastruktur. Eine Seilbahn, die zum Gipfel führt, Einkehrmöglichkeiten für Glühwein und Co., und Wintersportläden, die benötigtes Equipment verkaufen oder verleihen, stehen von Dezember bis April bereit.

Schneeschuhwandern ist eine dieser beliebten Wintersportarten. Durch die breitere und längere Auflagefläche des Schneeschuhs ist es möglich, mit ihm des Untergrunds aus Schnee und Eis Herr zu werden – oder Frau, je nachdem. Außerdem ist es kinderleicht und bedarf keiner Vorkenntnisse. Wer laufen kann, kann auch schneeschuhwandern. In Brauns Skialm können Schneeschuhe ausgeliehen werden. Diese werden dann an Wanderschu-

Auf dem Asenturm zeigen Platten an, in welcher Richtung die nächsten Orte liegen.

hen festgemacht. Die eigenen Schuhe sollten dem Knöchel Stabilität geben und die Kleidung sollte warmhalten. Wer entsprechendes Schuhwerk oder Schneekleidung nicht besitzt, kann hier alles mitausleihen. Mit der Ausstattung macht man sich auf zur Seilbahn. Von der Talstation Nord schwebt man ganz einfach den Ochsenkopf hinauf, sodass schon die Auffahrt zum Erlebnis wird.

Oben angekommen, heißt es: Schneeschuhe anlegen und den Gipfel erkunden. Eines der Highlights ist der Goethefelsen, eine Felsformation, die bereits seinen berühmten Namensgeber in den Bann gezogen hat. Und zwar so sehr, dass er sie während der ersten seiner drei Reisen ins Fichtelgebirge gezeichnet hat. Erst 1986 wurden die Felsen wiederentdeckt. Bis dahin war unklar, wo sich die Formation befindet. Heute weist ein Schild den Weg dorthin. In der Nähe wartet der Asenturm, ein Aussichtsturm auf dem Ochsenkopf, der auch Frankens höchste Gaststätte beherbergt. Wer in luftiger Höhe einkehren möchte, kann das hier tun. Andernfalls lohnt sich der Abstecher aber auch allein für den Ausblick. Den besten Blick auf Bischofsgrün hat man vom Ochsenkopf-Wahrzeichen. Dabei handelt es sich um den Kopf eines Ochsen, der in eine Granitsäule geschlagen wurde. Lange war die Säule verschollen, wurde aber 2003 wiedergefunden und aufgestellt. Es steht nahe des Wanderwegs nach Bischofsgrün und ist daher nur ein kleiner, aber lohnenswerter Umweg.

Nach der Erkundung des Gipfels und der Einkehr im Asenturm ist es Zeit für den Abstieg. Hier gilt: Alle Wege führen nach Bischofsgrün.

Hin & weg: Man kann direkt an der Talstation Nord parken. Parktickets können tageweise, für eine Saison oder fürs ganze Jahr auf www.ochsenkopf.info gekauft werden. Wer mit dem Bus kommen möchte, kann die Linie 329 aus bzw. nach Bayreuth oder Bad Berneck nehmen.

Beste Zeit: Sobald und solange Schnee liegt. Im Normalfall zwischen Dezember und März.

Dauer & Strecke: Ca. 2 Std. reine Wanderzeit. Mit der Auffahrt, der Erkundung des Gipfels und der Einkehr im Asenturm oder an der Talstation gut ein halber Tag.

Ausrüstung: Schneeschuhe, warme Kleidung, Handschuhe und Mütze. Warmer Tee und ein Snack für zwischendurch schaden nicht. Kleingeld für den Parkplatz an der Talstation, die Seilbahn und zum Einkehren. Wer Ausrüstung leihen möchte, kann das bei Brauns Skialm (www.brauns-skialm.de) tun.

Auf dem Weg trifft man auch andere Wintersportler: Loipen kreuzen den Wanderweg.

Wer querfeldein laufen möchte, kann das mit den Schneeschuhen bedenkenlos tun. Wer der Beschilderung des Winterweges folgt, erreicht nach etwa 6 Kilometern die Talstation. Auf dem Weg begegnen einem Wanderer – mit und ohne Schneeschuhe –, Skilangläufer und andere Wintersportler. Auch die Ringloipen werden gekreuzt, die mit Vorsicht überquert werden sollten. An der Sommerrodelbahn entlang geht es in den Endspurt zurück zur Talstation Nord.

FAZIT: EINE SCHNEESCHUHWANDERUNG BEDEUTET SPAß FÜR GROß UND KLEIN, FÜR DEN ES KEINE VORERFAHRUNG BRAUCHT. ALSO IDEAL FÜR SPONTANE AUSFLÜGE IN DEN SCHNEE!

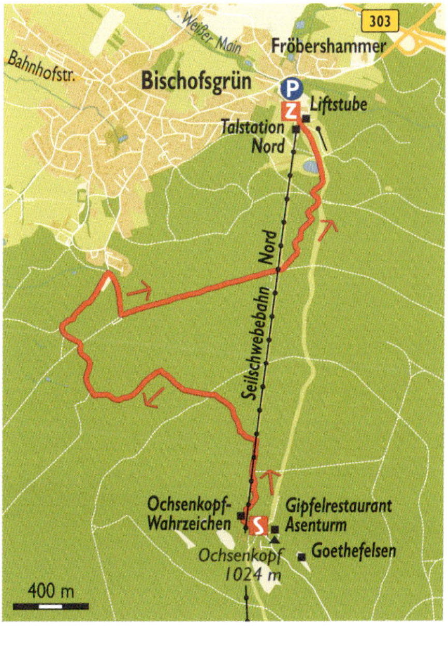

3. KAPITEL MINIURLAUB

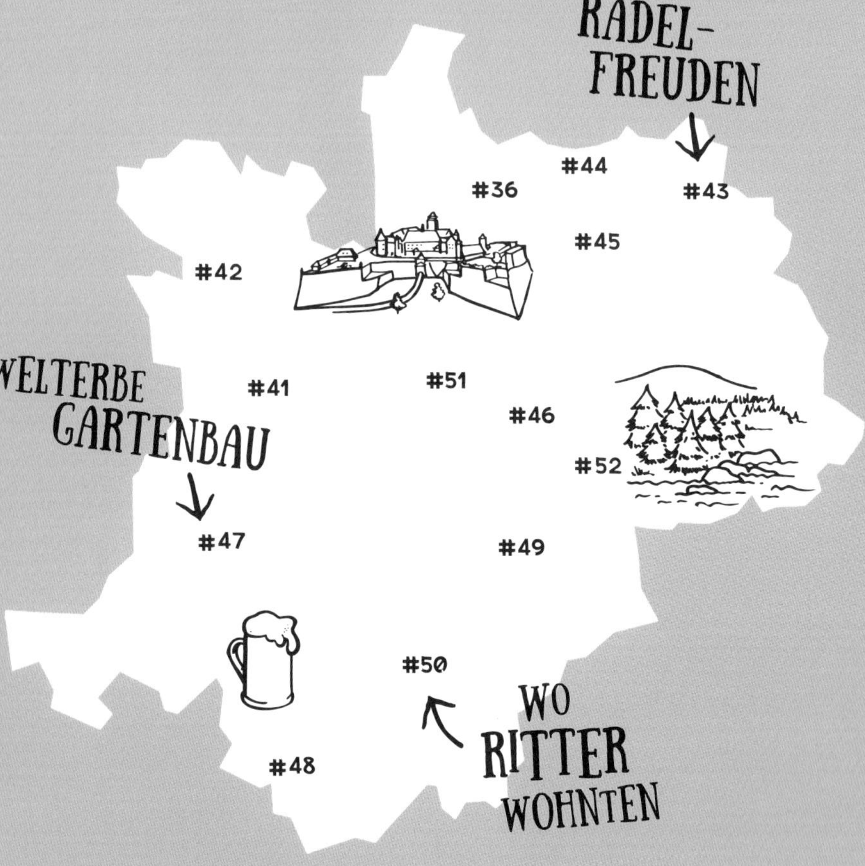

Ferien für ein Wochenende

36H

In der Hölle spazieren gehen, im Millionen-Sterne-Hotel übernachten oder Radelfreude am Main erleben! So sieht der perfekte Mini-Urlaub aus!

IM GOTTES-GARTEN

... in Bad Staffelstein

#41

Auf der einen Seite thront stolz das Kloster Banz. Auf der anderen Seite ist die Wallfahrtskirche Vierzehnheiligen in die Landschaft eingebettet. Der Main trennt die beiden Landstriche voneinander. Das sogenannte Dreigestirn wird vom erhabenen Staffelberg vervollständigt.

#Aktivurlaub #dasDreigestirn #linksundrechtsvomMain

Die beste Aussicht auf Vierzehnheiligen hat man übrigens vom Victor-von-Scheffel-Blick. Klare Empfehlung!

Vierzehnheiligen ist nicht einfach eine prächtige Kirche. Die Basilika ist – wie der Name bereits vermuten lässt – 14 Heiligen gewidmet. Dabei handelt es sich um die 14 heiligen Nothelfer. Diese sollen einem Hirtenjungen im 15. Jahrhundert an genau der Stelle erschienen sein, an der heute der Prachtbau zu bewundern ist. Kein Wunder also, dass die Wallfahrtskirche am Jakobus-Radpilgerweg liegt. Wer sein Bike abstellen und die Kirche auch von innen bestaunen möchte, kann an einer der öffentlichen Führungen teilnehmen, die die Mönche selbst vornehmen.

Nächster Halt: Kloster Banz. Zunächst zurück in die Richtung, aus der man gekommen ist,

führt der Weg zum Schönbrunner See. Über einen Schotterweg wird der See nahezu umrundet. Dabei bieten sich schöne Fotomotive mit Vierzehnheiligen auf der einen und Kloster Banz auf der anderen Seite im Hintergrund. Anstatt die Umrundung komplett zu machen, radelt man allerdings links am Reundorfer See vorbei und zum Main. Dieser wird über eine Brücke an einer Stausperre überquert. Über einige Hundert Meter muss das Rad hier geschoben werden. Danach geht es wieder in den Wald und anschließend steil bergauf.

Das Kloster Banz thront auf dem Banzberg hoch über dem Maintal. Früher war es eine Benediktinerabtei. Es wurde unter anderem von Leonhard und Johann Dietzenhofer errichtet. Heute ist Kloster Banz vor allem eine Tagungs- und Bildungsstätte. Auch das Museum ist mit seiner Orientalischen und Fossiliensammlung

---

Hin & weg: Mit dem Auto in der Innenstadt von Bad Staffelstein oder direkt auf dem Hotelparkplatz parken. Wer mit öffentlichen Verkehrsmitteln anreisen möchte, kann von Bayreuth, Hof, Coburg bzw. Bamberg mit der Regionalbahn anreisen.

Beste Zeit: Im Sommer, wenn man den Tag im Biergarten ausklingen lassen kann.

Dauer & Strecke: 2 Std. für die 18 km der Radtour und 2 Std. für die 8 km der Wanderung.

Ausrüstung: Fahrradequipment und Wanderschuhe.

Wenn es Nacht wird: Für einen Miniurlaub in Bad Staffelstein bietet sich das Best Western Plus Kurhotel (www.kurhotel-staffelstein.de) an. Hier können nicht nur E-Bikes geliehen werden, sondern auch strapazierten Gliedern eine Auszeit gegönnt werden.

Es hat schon was Kitschiges ... Der Sonnenuntergang vom Staffelberg ist definitiv romantisch!

sehenswert. Am nächsten Tag ist Zeit für den dritten und letzten Teil des Dreigestirns: den Staffelberg. Während die Tour am Vortag ideal mit dem Fahrrad zurückzulegen war, werden heute die Wanderstiefel geschnürt.

Durch die Altstadt hindurch gelangt man in die Viktor-von-Scheffel-Straße, die einen direkt zum Wanderweg auf den Staffelberg leitet. Der Berg ist ein Tafelberg und mit seinem markanten Hochplateau weithin sichtbar. Für viele ist er das wahre Highlight der Region. Von oben bietet sich ein herrlicher Weitblick in die Ebene.

FAZIT: DER GOTTESGARTEN WARTET MIT EINER UNERHÖRT SCHÖNEN LANDSCHAFT AUF. JACKPOT FÜR AKTIVURLAUBER UND LIEBHABER DER LANDSCHAFTSFOTOGRAFIE.

AUF PRINZ ALBERTS SPUREN

... in Coburg

#42

Prinz Albert, der berühmteste Sohn von Coburg, heiratete in jungen Jahren Königin Victoria und regierte 21 Jahre lang – wenn auch nicht offiziell – an ihrer Seite. Diese Wanderung ist ihm gewidmet und führt vom Ketschentor zu Schloss Rosenau.

#zuBesuchbeiRoyals #HeimatdesHerzensvonQueenVictoria #Coburgkannwas

Schloss Rosenau ist ein wahres Highlight der Region – von innen wie von außen.

Coburg ist eine farbenfrohe und mittelalterliche Stadt, die bereits im 11. Jahrhundert zum ersten Mal in Urkunden Erwähnung fand. Ende des 16. Jahrhunderts wurde sie zur Residenzstadt des Herzogtums Sachsen-Coburg und viele der Renaissancebauten, die das Stadtbild noch heute prägen, gehen auf diese Zeit zurück. Mitten auf dem Marktplatz wartet eine Statue des Prinzen Albert.

Ursprünglich wurde er als Seine Durchlaucht Prinz Franz Albrecht August Karl Emanuel von Sachsen-Coburg-Saalfeld, Herzog zu Sachsen geboren. Später heiratete er Königin Victoria, die zu dem Zeitpunkt bereits zwei Jahre auf dem britischen Thron gesessen hatte und wurde so zum Prinzgemahl. Auch wenn er diesen Titel erst rund 15 Jahre nach der Hochzeit erhielt.

Die Wanderung auf dem Prinz-Albert-Weg beginnt am Ketschentor und verläuft direkt zu seinem Denkmal auf dem Marktplatz, das Victoria nach seinem Tod als das erste von unzähligen Denkmälern weltweit errichten ließ und sogar persönlich einweihte. Zunächst bringt einen der Weg aber zum Schloss Ehrenburg, der Stadtresidenz der Coburger Herzöge.

Das Ketschentor ist eines von drei noch erhaltenen Stadttoren und Teil des äußeren Stadtmauerrings.

Hinauf geht es zum Hofgarten, einem ausgedehnten Landschaftspark. Hier können auch einige exotische Baumarten wie der Gingko, der Riesenmammutbaum oder der Trompetenbaum ausfindig gemacht werden. Er erstreckt sich mit seinen rund 30 Hektar vom Schloss bis zur Veste Coburg, dem nächsten Highlight der Wanderung. Die Festung, die niemals im Kampf erobert wurde, wird auch Fränkische Krone genannt und überragt die Stadt. Heute beherbergt sie ein Museum, das eine der bedeutendsten Sammlungen der Kunst- und Kulturgeschichte des Landes umfasst.

Dann ist der Wald des Bausenbergs erreicht und der Wanderweg zieht an Cortendorf vorbei bis nach Rödental. An der Itz entlang gelangt man bald nach Schloss Rosenau, dem Geburtsort von Prinz Albert. Hier hat sich Königin Victoria so wohlgefühlt, dass sie sagte, sie würde hier leben wollen, wenn sie nicht die Königin von England wäre. Auch dort ist mittlerweile ein Museum eingerichtet, sodass im Rahmen einer Führung zwei Stockwerke mit dem originalen Mobiliar aus der Biedermeierzeit bewundert werden können.

Wem danach noch nicht die Füße schmerzen, der sollte sich den Schlosspark nicht entge-

---

Hin & weg: Am besten mit dem Auto auf dem Großparkplatz Ketschenanger parken. Das ist direkt um die Ecke vom Ketschentor, dem Eingang zur Altstadt. Der Coburger Bahnhof ist sowohl mit Zügen aus Bamberg, Bayreuth oder Sonneberg als auch mit dem Bus gut zu erreichen. Vom Bahnhof gelangt man mit dem Bus der Linie 1 zur Haltestelle Kongresshaus, direkt am Parkplatz Ketschenanger.

Beste Zeit: Ganzjährig.

Dauer & Strecke: Ca. 3 Std. reine Wanderzeit für den 12 km langen Prinz-Albert-Weg. Mit Besuch des Museums Schloss Rosenau (Öffnungszeiten bzw. Infos zu Führungen auf www.schloesser-coburg.de) und Rückfahrt mit dem Zug muss man mindestens 5 Std. einplanen. Stadtbesichtigung am zweiten Tag, so lange die Füße tragen.

Ausrüstung: Ein Buch über die Royals, um den Überblick zu behalten.

Wenn es Nacht wird: Das Vienna House Easy in Coburg (www.viennahouse.com) liegt zwar nicht direkt in der Altstadt, bietet aber ein tolles Preis-Leistungs-Verhältnis. Durch die Bushaltestelle direkt vor der Tür ist man dennoch schnell genau da, wo man hin möchte.

Wer eine echte Coburger Bratwurst möchte, kann diese zum Beispiel auf dem Marktplatz bekommen. Aber schnell muss man sein! Am frühen Abend sind meistens schon alle ausverkauft.

hen lassen. Unterhalb des Schlosses wartet noch ein letztes Highlight: vom sogenannten Queen's View hat man den besten Blick auf das Schloss. Königin Victoria soll den Kutscher bei jeder Abreise gebeten haben, an dieser Stelle kurz zu halten, um einen letzten Blick auf ihr geliebtes Schloss werfen zu können. Vom Bahnhof Rödental kommt man mit der Bahn zurück nach Coburg.

Am nächsten Tag bleibt genug Zeit, um am Vormittag die Altstadt von Coburg, Schloss Ehrenburg und die Veste in Ruhe zu erkunden, bevor der Miniurlaub endet.

FAZIT: WANDERN, GANZ IM ZEICHEN DER ROYALEN GESCHICHTE.

BIKE & SEE

... zwischen Hof und Weißenstadt

#43

Entlang der Saale und mitten durchs Fichtelgebirge führt die Fahrradtour von Hof nach Weißenstadt und zurück. Auf dem Weg liegen gleich zwei große, herrliche Seen und ein außergewöhnliches Museum, das Klein wie Groß ein Lächeln auf die Lippen zu zaubern vermag.

#Fahrradtour #indiePedaletreten #vomFrankenwaldinsFichtelgebirge

Im Förmitzspeicher kann man angeln, baden und sogar segeln, surfen und tauchen.

Los geht's am Rande der Hofer Innenstadt. Vom Startpunkt aus einmal links abbiegen und schon ist man direkt auf dem Saaleradweg. Entlang der Saale, die im Fichtelgebirge entspringt, ist der Fahrradweg gut ausgebaut und markiert, sodass es fast unmöglich ist, sich zu verfahren. Mal führt er auf der einen Seite des Flusses entlang, dann wird eine Brücke überquert und es geht auf der anderen Seite weiter. Dabei geht es durch die Saaleauen und kleine Wäldchen, bis Oberkotzau nach nicht ganz einer Stunde erreicht ist. Wer einen Abstecher in den Fernwehpark Signs of Fame machen möchte (siehe Eskapade #14), biegt links ab und erreicht den Park nach etwa einem Kilometer.

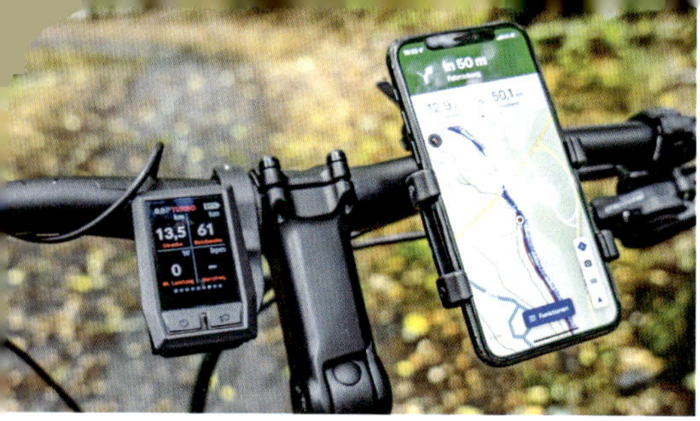

Kurz darauf folgt ein Abschnitt, der bis Fattigau und dann beinahe bis Schwarzenbach an der Saale parallel zur Landstraße verläuft. Noch bis zum Ortsausgang folgt der Weg der Saale und führt dann links, während der Fluss rechts fließt. Über ein Feld geht es bergauf nach Baumersreuth und dann weiter nach Völkenreuth und Hallerstein. Etwa einen Kilometer nach dem Dorf ist der erste Aufstieg der Tour geschafft. Bis Kirchenlamnitz geht es bergab, während der restliche Weg bis Weißenstadt von einem steten Auf und Ab geprägt ist. Etwa zwei Kilometer vor Weißenstadt erscheint das Naturfreundehaus wie aus dem Nichts und lädt zu einer kurzen Pause aus.

Am Weißenstädter See ist das Tagesziel erreicht. Sowohl der See als auch das Siebenquell sind ideale Orte, um sich nach einem langen Tag im Sattel zu entspannen.

Am nächsten Tag führt der Weg auf der anderen Seite von Weißenstadt wieder hinaus. Auch wenn es nur zwei Kilometer bis Ruppertsgrün sind, ist ein Abstecher ins Fichtelrad Café (www.fichtelrad.de) ein kleines Muss. Ob für ein Stück Kuchen zum Stärken vor dem größten Anstieg des ganzen Rundwegs oder nur, um kurz die Seele baumeln zu lassen ... das Café gehört einfach dazu.

Dann ist es Zeit für ein bisschen Ruhe auf dem Rad und Einsamkeit: Denn der Weg führt in den Wald hinein. Nach einem etwa drei Kilometer langen Anstieg ist der höchste Punkt der Tour erreicht. Dort liegt nur ein bis zwei Minuten abseits des Wegs der Arnsteinfel-

Der Weißenstädter See wurde 1976 angelegt und ist damit recht jung. Aber er hat sich schnell zu einem herrlichen Naherholungsgebiet gemausert.

sen. Danach geht es weitere zehn Kilometer bergab durchs Gehölz. In Förmitz führt der Weg wieder in die Zivilisation, und vorbei an der Förmitztalsperre trifft man wieder auf den Weg, von dem man gekommen ist.

Auf Entenhausen-Fans wartet in Schwarzenbach an der Saale dann noch ein letztes großes Highlight: Das Erika-Fuchs-Haus. Das Museum für Comic und Sprachkunst ist der Übersetzerin der *Lustigen Taschenbücher* gewidmet und gibt einen kleinen Einblick in die Comicgeschichte, die Welt von Dagobert und Donald Duck sowie zu Leben und Werk von Erika Fuchs. Danach geht's entlang der Saale wieder zurück zum Ausgangspunkt in Hof.

Hin & weg: Wer mit dem Auto anreist, kann in der Umgebung des Ausgangspunktes parken. Kostenpflichtige und kostenlose Parkplätze sind vorhanden. Alternativ kann man mit der Bahn zum Hofer Hauptbahnhof fahren, dem wichtigsten Eisenbahnknoten zwischen Bayern, Thüringen und Sachsen.

Beste Zeit: Von April bis Oktober. In der kalten Jahreszeit je nach Wetter. Am schönsten, wenn es warm genug ist, um an den Seen die Füße ins Wasser zu halten.

Dauer & Strecke: Ca. 4 Std. reine Fahrzeit für die 70 km. Mit Einkehren, Genießen der Landschaft und Besuch des Museums (www.erika-fuchs.de) wird daraus gut und gerne ein ganzer Tag - oder, wie beschrieben, auch zwei.

Ausrüstung: Fahrrad-Equipment und Kleingeld fürs Museum bzw. zum Einkehren. Wer ein E-Bike leihen möchte oder muss, kann bei KaDaBike (www.kada.bike) anfragen.

Wenn es Nacht wird: Wer am Tag vor der Tour anreisen oder den Rundweg an einem Tag fahren möchte, findet ein Stück saaleabwärts im Hotel Falter (www.hotelfalter.de) ein gemütliches Zimmer. Alternativ in der Hofer Innenstadt im Hotel Strauß (www.hotel-strauss-hof.de). In Weißenstadt ist das Siebenquell (www.siebenquell.com) empfehlenswert, in dem man seinen müden Gliedern im Whirlpool oder in der Sauna Entspannung gönnen kann.

FAZIT: EINE RADTOUR MIT ZAHLREICHEN HIGHLIGHTS – LANDSCHAFTLICH WIE KULTURELL.

AB IN DIE HÖLLE!

… im Höllental bei Bad Steben

#44

Ganz in der Nähe von Bad Steben liegt ein Ort, den kein anderer als der Teufel selbst erschaffen haben soll: das Höllental. Zum Fürchten ist das Tal jedoch keineswegs. Statt des Höllenfeuers erwartet einen ein Naturschutzgebiet mit umfangreicher Flora und Fauna.

Zwischen den Orten Hölle und Blechschmidtenhammer erstreckt sich das Höllental.

Nicht weniger als 30 Kilometer erschlossene Wanderwege warten in diesem gerade mal 3,6 Kilometer langen Tal, das der Teufel aus Wut auf einen herausfordernden Köhler geschaffen haben soll. In Wirklichkeit jedoch war es nur das Flüsschen Selbitz, das sich über Jahrmillionen bis zu 170 Meter tief ins Vulkangestein gegraben hat. So entstanden bizarre Felsformationen und kleine Quellen.

Entlang der Wege finden sich Schautafeln zu Themen wie Geologie und Bergbau. Und so erfährt der wissbegierige Wanderer, dass die massiven Gesteinswände des Höllentals aus sogenanntem Diabas sind. Dabei handelt es sich um eine bestimmte Sorte Vulkangestein, die entstand, als Magma auf Wasser traf und in Säulen erkaltete. Im 19. Jahrhun-

Hin & weg: Am besten mit dem Auto zum Ausgangspunkt der Wanderung. Parkplatz am Infozentrum Naturpark Frankenwald.

Beste Zeit: Von April bis Oktober. In der kalten Jahreszeit je nach Witterung. Die Felsen können jedoch rutschig sein.

Dauer & Strecke: Ca. 1,5–2 Std. reine Wanderzeit für 5,5 km.

Ausrüstung: Festes Schuhwerk ist dringend empfohlen.

Wenn es Nacht wird: Die Villa Siegfried (www.villasiegfried.com) liegt ideal, um am zweiten Tag im Kurpark von Bad Steben spazieren zu gehen, und zeichnet sich durch Liebe zum Detail aus. Seinen Hunger kann man wunderbar im Ristorante Da Carmelo (www.pizzeria-dacarmelo.de) stillen.

Seit 2012 erwartet einen das neu eröffnete Naturpark-Informationszentrum direkt am Eingang des Höllentals.

dert wurde Diabas abgebaut und für den Bau der Höllentalbahn verwendet. Stützmauern, Brücken und Tunnel wurden errichtet, bis es zu einem Aufschrei in der Bevölkerung kam. 1997 wurde das Höllental zum Naturschutzgebiet erklärt.

Der Wanderweg auf dem Felsenpfad führt vom historischen Bahnhof, der ein Naturpark-Informationszentrum beherbergt, in den Wald hinein und 120 Meter steil den Westhang des Höllentals hinauf. Nach jeder Wegkrümmung scheinen sich die Felsen zu verändern. Nie sieht der Ausblick gleich aus. Moosbedeckte Felsen, Holzstufen und Felsentreppen begleiten einen auf dieser Wanderung.

Dann geht es hinab ins Tal und entlang der Selbitz. Zur Rechten führt bald der Teufelssteg über den Fluss und mit ihm der Frankenwaldsteig. Der Felsenweg hingegen führt weiter geradeaus. Als Nächstes folgt ein Kraftwerk und dann eine weitere Brücke mit einem kleinen Pavillion. Kurz darauf ist der Ausgangspunkt erreicht, von dem aus es ins Hotel geht.

Nach einer Nacht in der Unterkunft und einem ausgiebigen Frühstück steht die Erkundung des Kurparks von Bad Steben auf dem Programm. Und wer möchte, kann sich ein wenig verwöhnen und einen Besuch in der Therme einplanen.

FAZIT: EINE ANSPRUCHSVOLLE WANDERUNG, DIE GLEICHERMAßEN KÖRPER UND GEIST FORDERT.

UNTERM STERNEN-ZELT

... auf dem Trekkingplatz Döbraberg

#45 *Einmal in einem Zelt mitten im Wald schlafen ... naturnäher geht es kaum. Was eigentlich nicht erlaubt ist, geht im Frankenwald. Und zwar auf extra eingerichteten Trekkingplätzen. So hat man im Millionen-Sterne-Hotel auch gleich ein wenig Infrastruktur.*

#ZeltenimWald #sleepingwithaView #mitteninderNatur

Wenn sich die Sonne senkt, der Himmel färbt und nur noch die Geräusche des Waldes zu hören sind, hat man das Gefühl, eins mit der Natur zu sein.

Wildcampen bzw. zelten außerhalb von Camping-Plätzen ist in Deutschland eigentlich verboten. Da aber der Wunsch nach naturnahen Übernachtungsmöglichkeiten groß ist, hat der Tourismusverband Frankenwald Trekkingplätze eingerichtet und folgt damit einem deutschlandweiten Trend. Dabei handelt es sich um ausgewiesene Areale mitten im Wald, auf denen getrost das Zelt aufgebaut werden kann. Voraussetzung ist nur, dass man zuvor online reserviert hat. Dann erhält man auch die Koordinaten, seine Zeltplatz-Nummer und den Zahlencode für die kleine Box mit Getränken, an der man Wasser, Softdrinks oder Bier zum kleinen Preis mit Bezahlung auf Vertrauensbasis bekommen kann. Zudem gibt es ein

Toilettenhäuschen und eine Feuerstelle. Alles andere muss selbst mitgebracht werden. Und so kann man entweder von Trekkingplatz zu Trekkingplatz wandern oder aber auf einem der ausgewiesenen Wanderparkplätze in der Umgebung parken, von wo man ca. 20 Minuten zum Platz läuft. Dann ist man mitten in der Natur und spätestens nach Sonnenunter-

Die Radarstation beherrscht seit 1961 das Panorama, seit sie von der US Air Force in Betrieb genommen wurde.

gang, wenn auch der letzte Wanderer oder Gassigänger den Weg nach Hause angetreten hat, allein im Wald. Abgesehen vielleicht von etwaigen anderen Campingfreunden, die hier einen Platz reserviert haben. Insgesamt gibt es vier an der Zahl, sodass es sich nie überfüllt anfühlt – selbst wenn der Platz ausgebucht ist.

Wer früh aus den Federn kommt, kann in nur fünf Minuten auf den Gipfel des Döbrabergs laufen und den Sonnenaufgang bestaunen. Dafür bietet es sich an, die knapp 100 Stufen des Prinz-Luitpold-Turms zu erklimmen und vom Eiffelturm des Frankenwaldes aus zu beobachten, wie die ersten Strahlen der Sonne den Wald nach und nach mit Licht fluten. Die Radarstation sorgt für ein ganz besonderes Panorama.

Im Laufe des Vormittags muss das Zelt wieder abgebaut werden. Auf den einzelnen Trekkingplätzen darf jeweils nicht mehr als eine Nacht verbracht werden. Und so geht es dann mit Zelt auf dem Rücken zurück zum Auto oder zum nächsten Trekkingplatz.

Hin & weg: Am besten mit dem Auto auf einem der ausgewiesenen Wanderparkplätze parken, zum Beispiel am östlichen Ortsausgang von Döbra. Von dort sind es 20 Minuten zu Fuß.

Beste Zeit: Von Mai bis September.

Dauer & Strecke: Eine Nacht. Es ist leider nicht möglich, weitere Nächte auf dem Trekkingplatz zu buchen.

Ausrüstung: Zelt, Essen und eine Portion Abenteuerlust.

Wenn es Nacht wird: Die Trekkingplätze des Frankenwaldes müssen vorab online reserviert werden. Die Auswahl an Trekkingplätzen, Verfügbarkeiten und Buchung stehen auf der Website www.frankenwald-tourismus.de > Draußen. > Trekking zur Verfügung. Dann wird ein Platz zugewiesen und man erhält die Nummer für die Box mit den Getränken.

FAZIT: FREIHEIT PUR! IM WALD ZU SCHLAFEN UND AM FRÜHEN MORGEN AUF DEM GIPFEL ZU STEHEN, OHNE WEIT LAUFEN ZU MÜSSEN, IST EINE UNBESCHREIBLICHE ERFAHRUNG.

ROMANTIK TRIFFT WELLNESS

... in und um Bad Berneck

#46

Das hübsche Örtchen Bad Berneck am Rande des Fichtelgebirges ist nicht nur einfach schön. Es zieht auch allerlei Menschen an, die sich etwas Gutes tun wollen. Denn die Mischung aus Kurangeboten und dem modern aufbereiteten Freizeitangebot überzeugt!

#Kneippheilbad #Fichtelgebirge #gesundundfit

Die Kuranlage bietet nicht nur die Gelegenheit zu kneippen, sondern ist auch ein echter Hingucker.

Nur etwa 15 Kilometer von Bayreuth entfernt wartet das beschauliche Örtchen Bad Berneck. Es liegt im Tal an der Ölschnitz und ist nicht nur Luftkurort, sondern auch Kneippheilbad. Wer jetzt denkt, dass deswegen alles altbacken ist, täuscht sich. Denn das Freizeitangebot für Wanderer und Radfahrer ist groß und modern gestaltet. So kann man Infos zu Wanderwegen beispielsweise am Wegesrand über einen QR-Code erhalten, der direkt zu Komoot führt.

Bei einem ersten Rundgang am Nachmittag durch die Altstadt und den Kurpark wird schnell klar, dass es sich bei Bad Berneck um eine echte Perle im Fichtelgebirge handelt. Der Kurpark lädt zum Lustwandeln und Kneippen ein und so vergeht der erste Tag wie im Flug.

Am nächsten Morgen beginnt die Wanderung am historischen Marktplatz. Bergauf spaziert man zunächst entlang der Straße und dann über einen versteckten Weg zwischen zwei Häusern in den Wald auf den Schlossberg zu einem kleinen Pavillon. Von hier führt die Route zu einer Ruine. Dabei handelt es sich um die Burgkapelle der Burg Hohenberneck.

Da sie Teil des Verteidigungssystems der Burg war, verfügt die Kirche sowohl im Erdgeschoss als auch im oberen Stock über Schießscharten. Das macht sie zu einem ganz speziellen Architektur-Highlight. Die Burg liegt ein wenig weiter den Berg hinauf und wurde Ende des 15. Jahrhunderts errichtet. Ab Mitte bis Ende des 17. Jahrhunderts stand sie jedoch leer. In einer Zeichnung, die aus dem Jahr 1740 stammt, wurde sie bereits ohne Dach dargestellt.

Danach führt der Wanderweg durch den Wald wieder hinab ins idyllische Ölschnitztal. Wer Glück hat, kann hier die Tiere des Waldes

---

Hin & weg: Mit dem Auto auf einem der ausgewiesenen Parkplätze parken oder mit der Buslinie 8943 fahren, die am Marktplatz hält und zwischen Bayreuth und Bad Berneck verkehrt.

Beste Zeit: Ganzjährig. Wer auch ins Kneippbecken möchte, sollte die warme Jahreszeit wählen.

Dauer & Strecke: Knapp 2 Std. für die 5 km lange Wanderung, was bei dem vielen Genießen der Aussichtspunkte und des Kneippens aber nie eingehalten wird.

Ausrüstung: Wanderschuhe, Snacks und eine Kamera.

Wenn es Nacht wird: Das Hotel Hartl's Lindenmühle (www.lindenmuehle.de) ist idealer Ausgangspunkt für die Erkundung Bad Bernecks und bietet zugleich mit Pool und Sauna ein angenehmes Wellnessangebot.

Bad Berneck ist der perfekte Ort für gesundheitsbewusste Naturfreunde.

entdecken und zum Beispiel ein Reh im Unterholz davonspringen sehen. Über den Jägersteg geht es hinüber zur anderen Talseite und dort wieder leicht bergauf. Entlang des Weges erklären Schilder, dass das Tal immer wieder Dichter angezogen hat, die sich durch die wilde Romantik des abgelegenen Bad Berneck für Ihre Werke haben inspirieren lassen. Unter ihnen finden sich Joseph von Eichendorff und Jean Paul.

Das letzte große Highlight der Rundwanderung ist das Bernecker Aussichtsbankla. Der Blick über Bad Berneck ist herrlich und wer an seine Kamera gedacht hat, ist klar im Vorteil. Auf dem Weg hinab zum Kurort gelangt man zunächst an die Schöne Aussicht. Dann geht es teils über Stufen durch den Wald nach unten. Durch den Kurpark erreicht man den Ausgangspunkt.

FAZIT: WER EINEN RÜCKZUGSORT FÜR EIN WOCHENENDE SUCHT, WIRD HIER FÜNDIG.

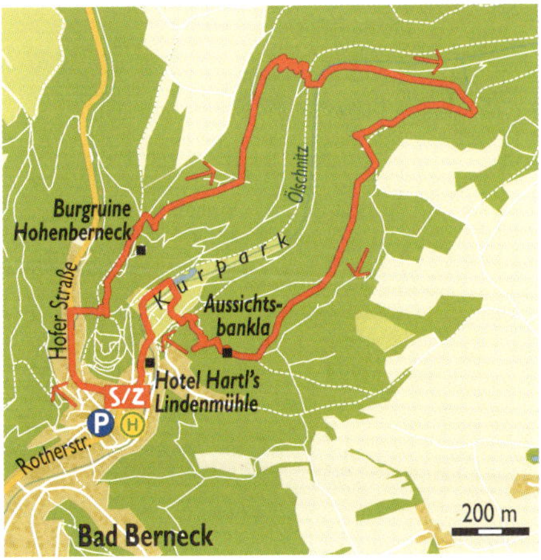

URBANES GÄRTNERN

… in Bamberg

#47

Bamberg ist vielen bekannt dank der historischen Innenstadt mit dem imposanten Dom und dem alten Rathaus, das als kleine Insel in der Regnitz gebaut wurde. Was viele nicht wissen, ist, dass die Stadt über ein weltweit einzigartiges Viertel verfügt: die Gärtnerstadt.

#immateriellesWelterbe #GemüseanbauinderStadt #BambergerGeheimtipp

In der Gärtnerstadt erkennt man noch heute die mittelalterlichen Strukturen der Häuser.

Domstadt, Bierstadt, fränkisches Rom. Bamberg ist unter vielen Namen bekannt und jeder hat seine Berechtigung. Ein vielleicht weniger bekannter Beiname ist Gärtnerstadt. Und das, obwohl diese weltweit einzigartig ist, was sogar maßgeblich dazu beigetragen hat, dass Bamberg den Status eines UNESCO-Welterbes erhalten hat.

Aber was genau macht Bamberg zur Gärtnerstadt? Die Antwort mag überraschen: Hier gibt es seit dem 14. Jahrhundert ein ganzes Viertel, in dem bis heute mit durchgehender Tradition gegärtnert wird. Frisches Gemüse und Blumen kommen hier aus der Stadt in die Stadt. Frischer und nachhaltiger geht es eigentlich nicht. Und noch dazu gibt es das Konzept von Anbauflächen mitten in einer Stadt dieser Größe auf der ganzen Welt kein zweites Mal.

Deshalb wurde ein Wanderweg mit rund fünf Kilometern Länge und 18 Informationstafeln eingerichtet, auf dem dieses besondere Viertel erlebt werden kann. Meist sind die Gärtnereien von der Straße aus gar nicht zu sehen. Gebäude und Mauern wurden so errichtet, dass man nur durch Einfahrten bzw. die Häuser in die Gärten gelangt.

Der Weg führt an Brauereien und Gärtnereien vorbei, die während der Öffnungszeiten zu besuchen sind. Gleich zu Beginn der Wanderung gelangt man an das Gärtner- und Häckermuseum, in dem es möglich ist, allerlei Wissenswertes über das Gärtnern in Bamberg zu erfahren. Im Innenhof wachsen Gemüse, Kräuter und Blumen, während in den

---

Hin & weg: Die meisten Hotels haben einen kostenpflichtigen Parkplatz bzw. ein Parkhaus, auf dem man sein Auto stehen lassen kann. Es bietet sich jedoch an, mit der Bahn anzureisen. Als größte Stadt Oberfrankens verfügt Bamberg über einen Bahnhof, der Knotenpunkt des Nah- und Fernverkehrs ist.

Beste Zeit: Im Frühling zu den Öffnungszeiten von Museum und Gärtnereien, um den besten Einblick zu erhalten.

Dauer & Strecke: 1,5 Std. reine Gehzeit für den Wanderweg mit 5 km Länge. Besuch des Museums und der Gärtnereien verlängern die Zeit, sodass man auf jeden Fall 4–5 Std. einplanen sollte.

Ausrüstung: Ein Fotoapparat und Kleingeld fürs Museum sowie Spontankäufe in den Gärtnereien.

Wenn es Nacht wird: Das City Hotel Bamberg (www.cityhotel-bamberg.de) ist ein idealer Ausgangspunkt für die Wanderung in der Gärtnerstadt und eine Erkundung der historischen Innenstadt.

Die Bamberger Innenstadt ist UNESCO-Welterbe. Dazu gehören neben der Gärtnerstadt auch die Stadtbezirke der Insel- und Bergstadt.

Innenräumen gezeigt wird, wie Gärtner leben und arbeiten.

Auch die Aussichtsplattform Gärtnerstadt liegt am Weg. Der schiefe Turm sieht ein wenig aus wie ein unförmiges Gewächshaus. Von oben kann man über verschiedene Grundstücke blicken und es wird deutlich, wie eng verwoben Stadt und Gärten sind. Wer die Infotafeln liest, kann schon mal die Zeit aus den Augen verlieren. Da die Rundtour so angelegt ist, dass sie eigentlich aus zwei Wegen besteht, kann man sie auch problemlos auf zwei Tage aufteilen.

Wer am nächsten Morgen früh aus dem gemütlichen Hotelbett kommt, kann außerdem die sonst überfüllte historische Altstadt einmal leer erleben, bevor es nach dem Check-out wieder nach Hause geht.

FAZIT: EIN SPANNENDER RUNDGANG, DER EINE VÖLLIG UNERWARTETE SEITE BAMBERGS ZEIGT.

DURCH DIE FRÄNKISCHE SCHWEIZ

... von Forchheim nach Pretzfeld

#48

Forchheim gilt als Eingangstor zur Fränkischen Schweiz und beherbergt sogar das Archäologiemuseum Oberfranken. Wer von hier aus die Region weiter erkunden möchte, kann zum Beispiel auf dem Burgenstraßen-Wanderweg laufen.

Durch geologische Besonderheiten wie das Walberla erhielt die Fränkische Schweiz ihren Namen.

Los geht's am Bahnhof Forchheim. Der Markierung mit dem blauen Schrägbalken folgend, verläuft der Weg über die Eisenbahnbrücke auf die andere Seite der Stadt. Die Straße verläuft immer geradeaus nach rund 1,5 Kilometern in den Wald hinein. Bergauf gelangt man zu einem weiten Feld, das mit Obstbäumen gesäumt ist.

Das Pfarrdorf Reuth wird durchquert und der Weg führt auf der anderen Seite entlang der Wiesent weiter. Bald türmt sich zur Rechten das Walberla auf, der Berg der Franken, der nach der heiligen Walburga benannt ist, deren Kapelle auf dem Gipfel wartet. Wer eine Wanderung auf die Ehrenbürg (siehe Eskapade #3), wie der Tafelberg eigentlich heißt, wagen möchte, kann zwar mit einem schweißtreibenden Aufstieg rechnen, aber auch mit der Belohnung durch eine tolle Weitsicht. Wer es bei der Wanderung nach Pretzfeld belassen möchte, darf sich über die Fotos des langgezogenen Berges von unten freuen, der die Wanderung bis nach Kirchehrenbach begleitet.

Eine Gemeinde mit über 1000-jähriger Tradition. Der Ortsname setzt sich aus dem Namen des Baches, der sie durchfließt, und der Kirche zusammen. Bereits für den Beginn des 12. Jahrhunderts ist nachgewiesen, dass es ein Gotteshaus gegeben hat, auch wenn die Pfarrkirche St. Bartholomäus ein barocker Bau und damit viel jünger ist. Kirchehrenbach liegt inmitten eines Naturschutzgebiets und Geotopen.

Hin & weg: Das Niu Hop Hotel verfügt über einen kostenpflichtigen Parkplatz. Alternativ empfiehlt es sich, mit der Bahn anzureisen. Der Bahnhof Forchheim ist an das Nürnberger S-Bahn-Netz angeschlossen, liegt an der Regionalbahnstrecke Bamberg-Nürnberg und bietet Anbindung an den Nahverkehr Ebermannstadt.

Beste Zeit: Im Frühling, wenn die Obstbäume blühen.

Dauer & Strecke: 3 Std. reine Gehzeit für den Wanderweg mit 10 km Länge.

Ausrüstung: Wanderschuhe.

Wenn es Nacht wird: Das Niu Hop Forchheim (www.the.niu.de/hotels/deutschland/forchheim) liegt direkt am Ausgangspunkt und erwartet Gäste mit stylishen Zimmern und einer modernen Lounge.

Den Ort hinter sich lassend, geht es über ein Feld in Richtung Pretzfeld. Das liegt mitten im größten Anbaugebiet für Süßkirschen – nicht nur in Deutschland, sondern sogar in Europa. Hier findet daher auch das alljährliche fränkische Kirschenfest statt.

Der Wanderweg endet am Bahnhof von Pretzfeld, von wo es mit der Bahn zurück nach Forchheim und zur Unterkunft geht. Wer noch Kraft in den Beinen hat, kann den Pretzfelder

Nicht weniger als 170 Burgen, Schlösser und Ruinen gibt es in der Fränkischen Schweiz. Kein Wunder, dass man sie auch das Land der Burgen nennt.

Kirschenweg (siehe Eskapade #1) an die Tour anhängen. Am nächsten Tag bleibt genug Zeit, die Forchheimer Altstadt mit der Kaiserpfalz und den Museen zu erkunden, bevor der Miniurlaub ein Ende findet.

FAZIT: EINE ENTSPANNTE WANDERUNG MIT AUSBAUMÖGLICHKEITEN, WENN ES DOCH ETWAS MEHR SEIN DARF.

ZWEI TAGE MIT DEN VIER WS

... in Bayreuth

#49

Bayreuth ist eine Stadt, die auf eine lange Geschichte blickt. Wer nun aber denkt, dass man hier deswegen nur ins Museum gehen kann, irrt sich. Bayreuth ist quirlig, lebendig und hat auch viel zu bieten, wenn man einfach mal raus möchte.

Nicht weniger als 30 Millionen Euro kostete die sechs Jahre dauernde Restauration des Markgräflichen Opernhauses.

Bayreuth ist weithin bekannt als Stadt der berühmten Festspiele. Mit Sicherheit sind diese einen Besuch wert. Aber auch ohne: Bayreuth kann was! Ein nicht ganz so weithin bekanntes Ausflugsziel ist der Röhrensee. Hier kann man genießen ... den See, eine Fahrt mit einem Bötchen oder einfach den Stadtstrand. Ja, Bayreuth hat einen echten mit Sand aufgeschütteten Strand. Beim Hans Beach warten Liegestühle, ein toller Blick über den See und das erste der vier Ws: Weizen.

Natürlich kann auch ein Cocktail von der üppigen Speisekarte gewählt werden. Aber vielleicht ist ein Weizen die richtige Wahl, wenn man sich schon in der Stadt befindet, in der es das größte Biermuseum der Welt gibt. Die Maisel's Bier-Erlebniswelt hat es damit sogar

Urlaubsfeeling in Bayreuth gefällig? Das gibt's am Stadtstrand am Röhrensee!

ins Guinessbuch der Rekorde geschafft. Am schönsten ist es am Röhrensee in den lauen Abendstunden im Sommer und zum Sonnenuntergang. Mit den Füßen im Sand und einem kühlen Getränk in der Hand fühlt sich Bayreuth ganz klar wie Urlaub an.

Am zweiten Tag ist es Zeit, bei einem Stadtrundgang die drei anderen Ws zu erkunden. Los geht's am Richard Wagner Museum, wo sich auch das Wohnhaus Wahnfried des wohl bekanntesten Sohnes der Stadt befindet. Wer mehr über ihn erfahren möchte, kann ins Museum gehen. Aber auch von außen ist das Gebäude beeindruckend. Dahinter befindet sich ein Garten mit dem Grab des ehemaligen Hausherrn sowie seiner beiden Hunde Ruß und Marke. Das Anwesen Wagners liegt direkt am Hofgarten.

Jener war maßgeblich von Markgräfin Wilhelmine beeinflusst, der Frau von Markgraf Friedrich III. von Brandenburg-Bayreuth. Die Markgräfin, das dritte W in der Runde, war ihrer Zeit weit voraus. Sie hielt Briefkontakt mit Voltaire, schrieb Opern und verfasste eigene Memoiren auf Französisch. Auch in Bezug auf die Gestaltung von Landschaftsgärten war sie als Pionierin bekannt. Sie gestaltete neben der Eremitage (siehe Eskapade #33) und dem Garten Sanspareil (siehe Eskapade #32) auch den Hofgarten in Bayreuth. Dieser ist mit einem Kanal in seiner Mitte angelegt, mit Alleen links und rechts und insgesamt drei Inseln. Im Park sind auch mehrere Statuen mythologischer Gestalten oder ein malerischer Rundtempel auf acht Säulen zu entdecken.

Hin & weg: Bayreuth hat einen Bahnhof und ist darüber mit der Regionalbahn erreichbar, zum Beispiel von Bamberg oder Hof aus. Wer mit dem Auto anreist, sollte am besten im bzw. am Hotel parken und kann die Stadt dann zu Fuß unsicher machen.

Beste Zeit: Ganzjährig, am schönsten im Sommer. Der Stadtstrand mit dem Hans Beach hat nur bei schönem Wetter geöffnet. Weitere Infos dazu unter www.hanskaschber.de/stadtstrand

Dauer & Strecke: Ein Abend für den Besuch des Röhrensees und ein Vormittag für den Stadtrundgang. Die Dauer verlängert sich entsprechend, wenn man noch ins Museum, ins Schloss oder ins Opernhaus geht. Infos zu Öffnungszeiten und Eintritten auf www.bayreuth-tourismus.de

Ausrüstung: Kleingeld fürs Weizen (oder ein anderes Getränk) und etwaige Eintritte.

Wenn es Nacht wird: Das Hotel Rheingold (www.hotel-rheingold-bayreuth.de) hat eine ideale Lage, um die Stadt zu Fuß zu erkunden, und abends kann man sich in der hauseigenen Sauna entspannen.

Wer den Bayreuth-Besuch zur Zeit der Richard-Wagner-Festspiele plant, kann neben den vier Ws auch dieses unvergleichliche Event erleben.

Der Hofgarten schließt an das Neue Schloss an. Nachdem das alte Schloss abgebrannt war, wurde ein neues gebaut. Auch daran war Wilhelmine rege beteiligt.

Über die Ludwigstraße mit ihren Prachtbauten geht es zum Opernhaus von Bayreuth, dem vierten und letzten W. Das barocke Theater, das Wilhelmine zu Ehren ihrer Tochter Friederike bauen ließ, wurde 2012 zum UNESCO-Weltkulturerbe ernannt. Von außen ist es fast nicht zu erkennen, unscheinbar und leicht zu übersehen. Von innen ist es dafür umso spektakulärer.

FAZIT: BAYREUTH IST SPANNEND UND LIEGT VOLL IM TREND.

SCHLOSS-ROMANTIK

... auf Burg Rabenstein

#50

Wer residieren möchte, wo es die Edelleute in ferner Zeit taten, kann ein Wochenende auf Burg Rabenstein verbringen. Im Herzen der Fränkischen Schweiz gelegen, bietet die Burg zwar eine Ruhe-Oase, aber gleichzeitig wird es durch das breite Wander- und Veranstaltungsangebot nie langweilig.

#Promenadenweg #Höhlenzauber #imHerzenderFränkischenSchweiz

Durch das Ahorntal führen zahlreiche Wanderwege. Neben dem Promenadenweg gibt es zum Beispiel die Brauereiwandertour und den Fränkischen Gebirgsweg.

Erhaben thront die Burg Rabenstein auf ihrem Felsvorsprung über Ahorntal und Ailsbachtal. Und das bereits seit über 800 Jahren. Ihre Geschichte beginnt nämlich Ende des 12. Jahrhunderts unter Eschwin de Rabenstein, der Ahnherr und Namensberger des ersten Baus war. Im Lauf der Jahrhunderte wechselte die Burg mehrere Male die Besitzer, wurde erweitert, demoliert und wieder aufgebaut. Dieses Hin und Her fand im Dreißigjährigen Krieg mit der fast vollständigen Zerstörung der Burg ein jähes Ende. Die Ruine verblieb lange in diesem Zustand. Doch dann wurde sie wiederentdeckt, wurde zur barocken Schlossanlage ausgebaut und beherbergte im 19. Jahrhundert sogar Ludwig den I., König von Bayern.

Fränkische Küche, Höhlenerlebnisse und der größte Mittelaltermarkt der Region machen die Burg Rabenstein zu einem attraktiven Ziel.

In eben diesen geschichtsträchtigen Räumen können sich Gäste fühlen wie die Edlen längst vergangener Tage. Nach der Anreise sollte man erst einmal das Gelände erkunden. Abends stehen häufig Veranstaltungen in der nahegelegenen Sophienhöhle oder Dinnerveranstaltungen auf der Burg an. Wer den Tag am prasselnden Feuer ausklingen lassen möchte, kann dies im Kaminzimmer bei einem kühlen Getränk tun, bevor die Nachtruhe eingeläutet wird.

Der Blick aus den Zimmern ins zerklüftete Ailsbachtal bietet am Morgen ein einzigartiges Panorama. Zwischen genau diesen Bäumen wartet der Promenadenweg. Der Wanderweg beginnt direkt am Eingang der Burg und verläuft auf einem ausgetretenen Pfad durch den Wald hinab ins Tal. Über die Straße und den Ailsbach wird die Talseite gewechselt. Bald ist der Rennerfels erreicht, an dem eine prähistorische Siedlung gefunden wurde.

Weiter geht's talaufwärts zur Theresienruhe, einer Gedenkstätte zu Ehren von Königin Therese von Bayern. Am Schneiderloch vorbei – einer Höhle, in der sich im Dreißigjährigen Krieg ein Schneider versteckt hatte – wandert man weiter aufwärts. Wenn sich der Wald lichtet, sind atemberaubende Blicke auf die Burg Rabenstein zu erhaschen.

Es folgt ein weiteres Highlight des Wanderwegs: Eine 45 Meter lange und 20 Meter hohe Höhle, die Ludwighöhle genannt wird. Dann wird die Straße wieder überquert und der Pfad führt steil hinauf. Nun ist die Sophienhöhle nicht mehr weit. Wer gut plant, kann hier direkt an einer Führung teilnehmen. Die Tropfsteinhöhle ist eine der schönsten der Fränkischen Schweiz und fast einen Kilometer lang. Hier lebten vor Zehntausenden von Jahren Höhlenbären und das Skelett eines solchen kann im Eingangsbereich sogar bewundert werden – eine Attraktion, die weltweit einzigartig ist. Die Höhlenbären starben in der letzten Eiszeit vor 25 000 Jahren aus.

Von der Sophienhöhle aus sind es dann noch etwa 400 Meter durch den Wald zurück zur Burg, von wo die Heimreise angetreten werden kann.

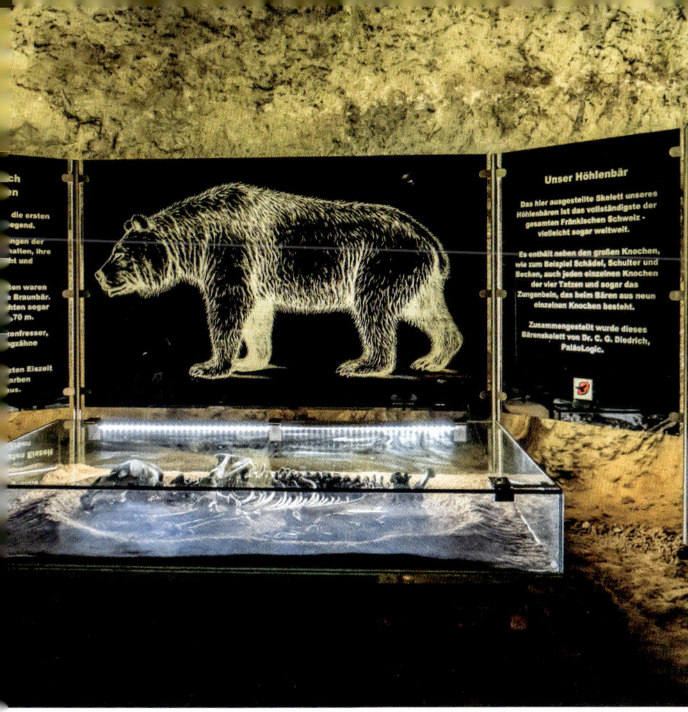

In der Sophienhöhle ist das einzige Höhlenbärenskelett der Welt ausgestellt.

FAZIT: AUF BURG RABENSTEIN WARTET EIN ECHTES ERLEBNISWOCHENENDE!

Hin & weg: Die Burg Rabenstein verfügt über mehrere Parkplätze. Es empfiehlt sich, mit dem eigenen PKW anzureisen.

Beste Zeit: Jederzeit. Burg und Umgebung sind zu jeder Jahreszeit einzigartig und schön.

Dauer & Strecke: Etwas mehr als 1 Std. reine Gehzeit für den Wanderweg mit 4 km Länge.

Ausrüstung: Wanderschuhe und warme Kleidung, wenn die Sophienhöhle auf dem Programm steht. In der Höhle sind es für gewöhnlich nur rund 9 Grad.

Wenn es Nacht wird: Die Burg Rabenstein (www.burg-rabenstein.de) wartet mit 22 Zimmern in authentisch historischen Gemäuern und mit modernem Standard auf.

Wo sich Rot- & Weißmain küssen

… in Kulmbach

#51

Kulmbach ist für vieles bekannt. Es gilt als heimliche Bierhauptstadt und sein Wahrzeichen, die Plassenburg, genießt eine gewisse Berühmtheit. Aber auch Naturliebhaber kommen hier nicht zu kurz und können zum Beispiel die Mainauen und den nahegelegenen Zusammenfluss von Rotem und Weißem Main bewundern.

#woRotundWeißeinswerden #indenMainauen #LebensaderMain

Wer dem Main ab dem Zusammenfluss folgt, erreicht nach 472 Kilometern die Stadt Mainz.

Rund sieben Kilometer von der Innenstadt von Kulmbach befindet sich ein besonderer Ort. Dort treffen sich der Rote und der Weiße Main. Viele wissen gar nicht, dass der Main zwei Quellflüsse hat. Der Rote Main entspringt rund zehn Kilometer südlich von Bayreuth bei Creußen. Da er durch lehmhaltigen Boden fließt, enthält er vor allem nach Regenfällen Schwebstoffe, die ihm eine rötliche Färbung verleihen und die namensgebend waren. Der Weiße Main hingegen ist wasserreicher und kürzer. Er entspringt im Fichtelgebirge und fließt über hellen Granitstein, sodass der Fluss klar und hell erscheint. Der Zusammenfluss ist schlicht, aber sehr schön gestaltet.

Die Plassenburg ist eines der größten Renaissance-Bauwerke Deutschlands.

Über eine Brücke kann man den Main überqueren und auf der anderen Seite an einem Platz mit Infotafeln und Bänken Rast machen.

Nach dem Stopp am Mainzusammenfluss verfolgt man zunächst den gleichen Weg zurück. Aber nach 500 Metern geht es nun links weiter, auf einen Weg, der mitten durch das Naherholungsgebiet Mainaue, auch Kieswäsch genannt, verläuft.

Der große See zur Rechten ist der Mainauensee. Er ist in verschiedene Bereiche aufgeteilt: es gibt einen Angelbereich, einen Wassersportbereich, in dem Windsurfen möglich ist, und einen Badebereich. Im letztgenannten ist Fahrradfahren streng verboten. Es ist also sinnvoll, stets zu wissen, in welchem Bereich man sich gerade aufhält. Aber keine Sorge, der Badebereich ist zum Beispiel an der großen Liegewiese gut von den anderen Abschnitten zu unterscheiden.

Die Radtour führt am östlichen Teil des Wassersportbereichs vorbei und bietet zur Rechten einen freien Blick auf die Plassenburg in der Ferne. Dann führt ein Weg rechts zum Surf- und Segelclub Oberauhof und zum Biergarten Zur Kieswäsch. Wer einkehren möchte oder den Badebereich erkunden bzw. von hier den Sonnenuntergang genießen mag, sollte sein Fahrrad am Parkplatz abstellen und einen der kurzen Wege zurück an den See nehmen.

Hin & weg: Viele Hotels haben eigene Parkplätze. Auch am Naherholungsgebiet Kieswäsch wartet ein großer Parkplatz. Wer ohne PKW anreist, kann zum Bahnhof Kulmbach fahren. Von Bayreuth ist man in ca. 30 Min dort. Alternativ liegt Kulmbach am MainRadweg und ist mit dem Fahrrad sehr gut erreichbar.

Beste Zeit: Jederzeit bei gutem Wetter. Das Naherholungsgebiet Mainaue ist zum Sonnenuntergang besonders schön.

Dauer & Strecke: Rund 1 Std. für die Fahrradtour mit knapp 14 km einplanen. Einkehren und Baden kommen nach Belieben zeitlich obendrauf.

Ausrüstung: Kleingeld für den Biergarten.

Wenn es Nacht wird: Das Hotel Ertl (www.hotel-ertl.de) liegt im Herzen von Kulmbach und wird bereits in der fünften Generation geführt. Es ist auch ein Bed+Bike-Hotel, sodass nicht nur Autos, sondern auch Fahrräder geparkt werden können.

Im Mönchshof findet man drei Museen unter einem Dach, die in die Kulmbacher Traditionen einführen: das Brauereimuseum, das Bäckereimuseum und das Gewürzmuseum.

Am nächsten Tag steht noch die Erkundung der Altstadt auf dem Programm. Für einen entspannten Rundgang durch die Innenstadt ohne Besuch der Plassenburg oder der Museen sollte man rund 90 Minuten einplanen.

FAZIT: GEMÜTLICH IN DEN SONNENUNTERGANG RADELN UND AM MORGEN KULTUR ERLEBEN … IN KULMBACH KEIN PROBLEM!

IM WINTER-WUNDER-LAND

... um den Ochsenkopf

#52

Für alle Winterbegeisterten, die es nicht in die Alpen oder ähnliche höher gelegene Regionen zieht, hat Oberfranken eine Antwort: die Ochsenkopfregion. Hier wartet neben verschiedenen Wintersportarten auch Deutschlands erster zertifizierter Winterwanderweg.

#Schneeparadies #ausgewiesenesWinterglück #durchdenSchnee

Was gibt es Schöneres als sich nach einer Wanderung im Schnee ein Heißgetränk zu gönnen?

Der Ochsenkopf ist mit 1024 Metern der zweithöchste Berg in Oberfranken. Sein Nachbar, der Schneeberg, übertrifft ihn zwar um rund 25 m, ist jedoch nicht mit der touristischen Infrastruktur ausgestattet. So konzentriert sich das winterliche Treiben in der Region auf den Ochsenkopf, dessen Gipfel über Wanderwege oder zwei Seilbahnen erreicht werden kann.

Um den Gipfel des Ochsenkopfs herum wurden zwei Loipen für Skilanglauf, aber auch zahlreiche Wanderwege angelegt.

Einer von ihnen ist der erste Wanderweg Deutschlands, der in der Kategorie »Winterglück« zertifiziert wurde. Dieser führt vom Luftkurort Fichtelberg über den Fichtelsee bis

Wo im Sommer zwei Badebereiche sind, wartet im Winter das zugefrorene Moor als landschaftliches Highlight.

nach Bischofsgrün und von dort über Grassemann und Fleckl zurück zum Ausgangspunkt.

Wer ausgeruht in die Wanderung starten möchte, sollte sich überlegen, am Vorabend nach Fichtelberg zu fahren und nach einer ersten Übernachtung loszuwandern. Kurz nach Beginn der Wanderung ist die Bleaml Alm erreicht, ein Wirtshaus, an dem es auch einen Skilift gibt. An den Wochenenden ist hier für gewöhnlich recht viel los und neben Snowboardern und Skifahrern sind auch Rodler unterwegs. Hinter der Alm wird es schlagartig ruhiger und nur noch das knirschende Geräusch von Schnee unter den Schuhen erfüllt die Luft.

Wer den vereisten Fichtelsee erleben möchte, muss einen Umweg von ca. 600 Metern einplanen. Danach einfach den Schildern Richtung Bischofsgrün folgen! Auf dem Ochsenkopf kann man sich dank zahlreicher Wegweiser fast nicht verlaufen und der Winterwanderweg ist dank seiner speziellen Markierung nicht zu verwechseln. Zurück auf dem Weg sind es noch gut drei Kilometer bis nach Karches. Dort wartet das Waldrasthaus Karches am See mit einem Restaurant auf all jene, die sich stärken oder wärmen wollen. Von hier aus folgen noch ca. vier Kilometer auf dem Winterwanderweg plus die Strecke nach Bischofsgrün zur Unterkunft.

Hin & weg: Man kann direkt am Einstieg zum Wanderweg parken und dort das Auto stehen lassen. Parktickets können tageweise, für eine Saison oder fürs ganze Jahr auf www.ochsenkopf.info gekauft werden. Wer mit dem Bus kommen möchte, kann die Linie 329 aus bzw. nach Bayreuth oder Bad Berneck nehmen.

Beste Zeit: Sobald und solange Schnee liegt.

Dauer & Strecke: Je nach Zustand des Weges ca. 7 Std. reine Wanderzeit. Vorsicht: Wenn es so warm ist, dass es gelegentlich mal nieselt oder gar richtig regnet, kann der Weg streckenweise vereist sein.

Ausrüstung: Warme Kleidung und möglichst Winterwanderschuhe, Handschuhe und Mütze. Wanderstöcke sind im Schnee praktisch. Warmer Tee und ein Snack für Zwischendurch schaden nicht. Kleingeld zum Einkehren.

Wenn es Nacht wird: Wer morgens frisch in die Wanderung starten möchte, kann in Wagners Hotel Schönblick (www.wagners-hotel-schoenblick.de) in Fichtelberg die erste Nacht verbringen. Für eine Übernachtung auf der Hälfte des Weges bietet sich das Hotel Puchtlers (www.puchtlers.de) in Bischofsgrün an.

Die Ochsenkopfregion hat zu jeder Jahreszeit viel zu bieten – nicht nur im Winter, wenn sie sich in ein Schneeparadies verwandelt.

Am nächsten Tag gelangt man auf dem gleichen Weg wieder zurück zum Wanderweg und folgt dann weiter den Schildern – diesmal jedoch nicht nach Bischofsgrün, sondern nach Fleckl. Das Moorbad bei Fleckl ist das Highlight dieses Abschnitts. Das zugefrorene Moor liegt mystisch da und ist für alle ein gutes Fotomotiv, die an ihre Kamera gedacht haben. So zeigt sich der Winterwanderweg abwechslungsreich und bei jedem Wetter spannend.

FAZIT: WER IM SCHNEE AUF WANDERSCHAFT GEHEN MÖCHTE, SOLLTE SICH DIESEN WINTERWANDERWEG NICHT ENTGEHEN LASSEN.

SONST NOCH WICHTIG

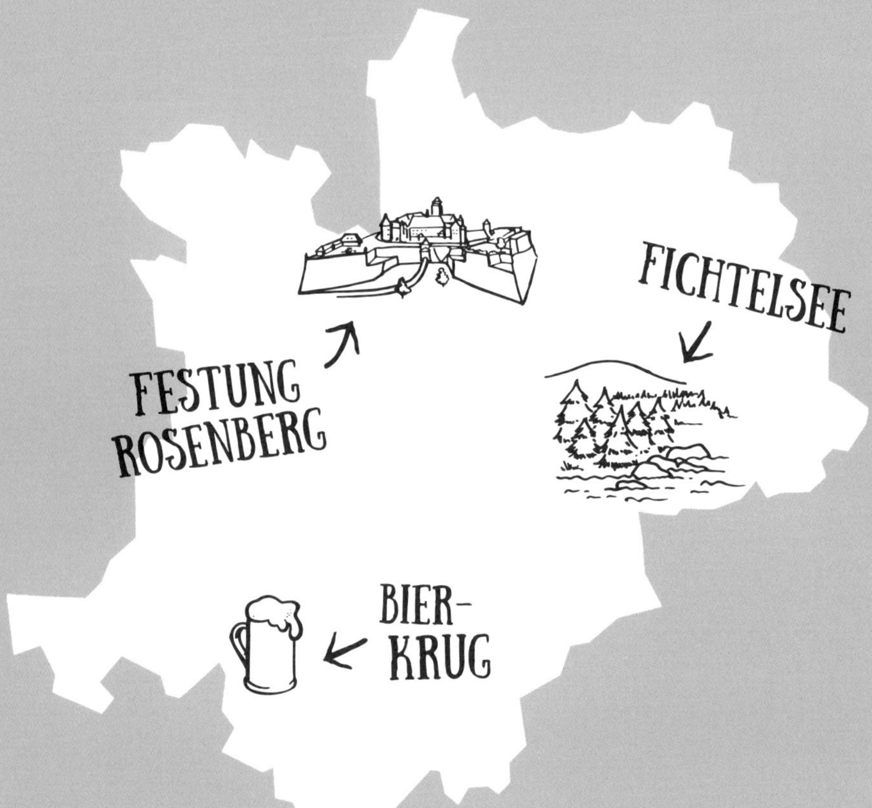

Ein- und Überblick

Karten für den schnellen Überblick, praktische Tipps, mehr über die Autorin sowie ein Ortsregister zum schnellen Nachschlagen gibt es auf den folgenden Seiten.

GPX-Download aufs Smartphone – so geht's

Voraussetzung:
Eine Outdoor-App muss installiert sein, z. B. KOMPASS, Outdooractive oder Komoot. Zum Einlesen des QR-Codes benötigen ältere Android-Geräte eine QR-Code-App. Bei neueren Android- und iOS-Geräten ist diese Funktion in der Kamera integriert.

Daten downloaden:

1. Den QR-Code einlesen oder die Webadresse im Browser eingeben, um auf die Eskapaden-Website zu gelangen.
2. Die gewünschte Tour zum Download anklicken.
3. Bei IOS-Geräten werden die GPX-Daten direkt mit der vorab installierten App verknüpft. Bei Android-Geräten muss ggf. noch ein Weiterleiten-Button geklickt werden (z. B. oben rechts im Display). Manche Apps zeigen den Tourverlauf starr an, andere haben eine Navigationsfunktion dabei.

Tourenverlauf

GPX-Daten zum kostenlosen Download
www.dumontreise.de/eskapaden/oberfranken

short.travel/cxs93

…uf den folgenden Seiten: Die Eskapaden in …berfranken in drei Übersichtskarten. Die Ziffern …ehen für die Eskapaden-Nummern.

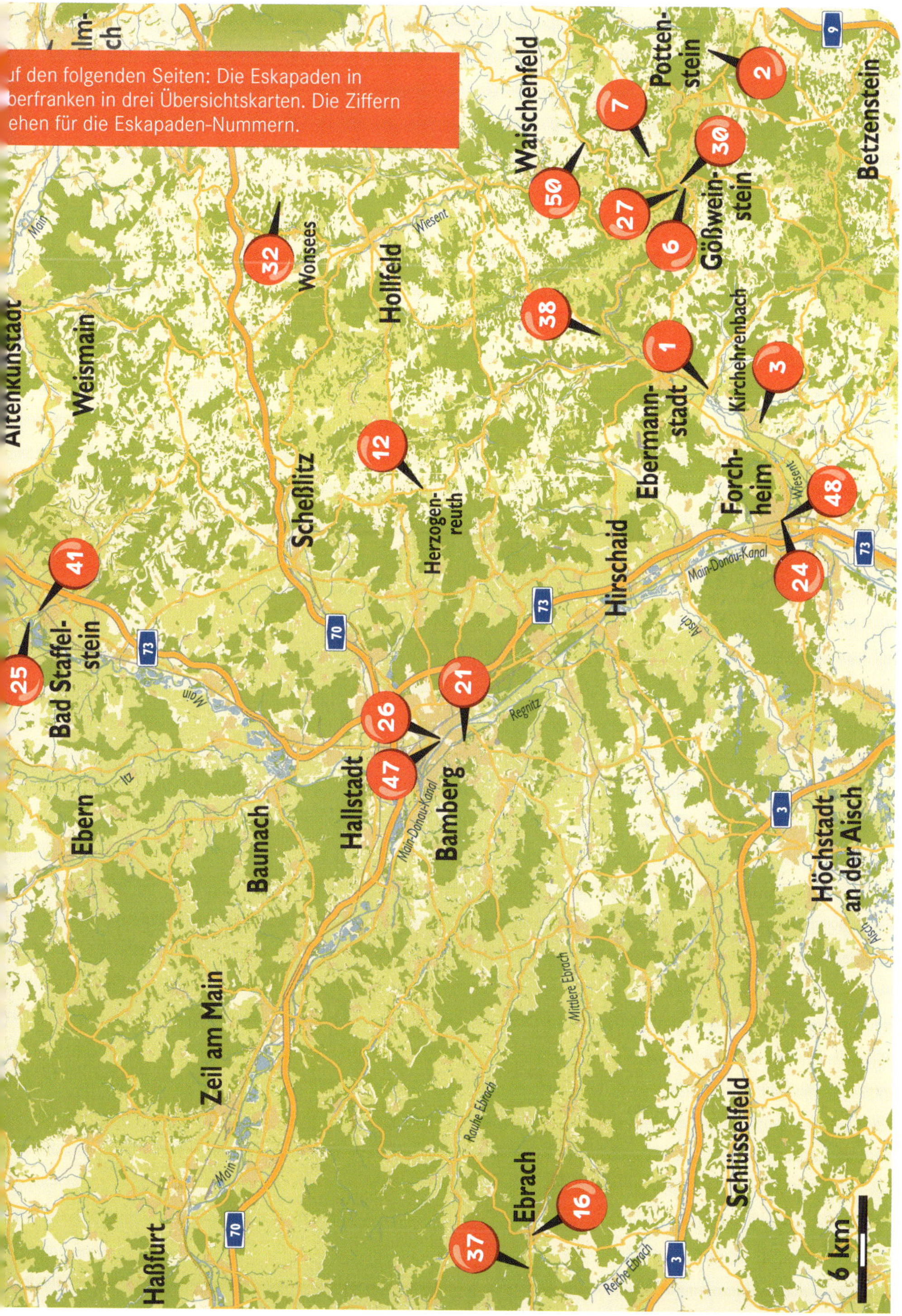

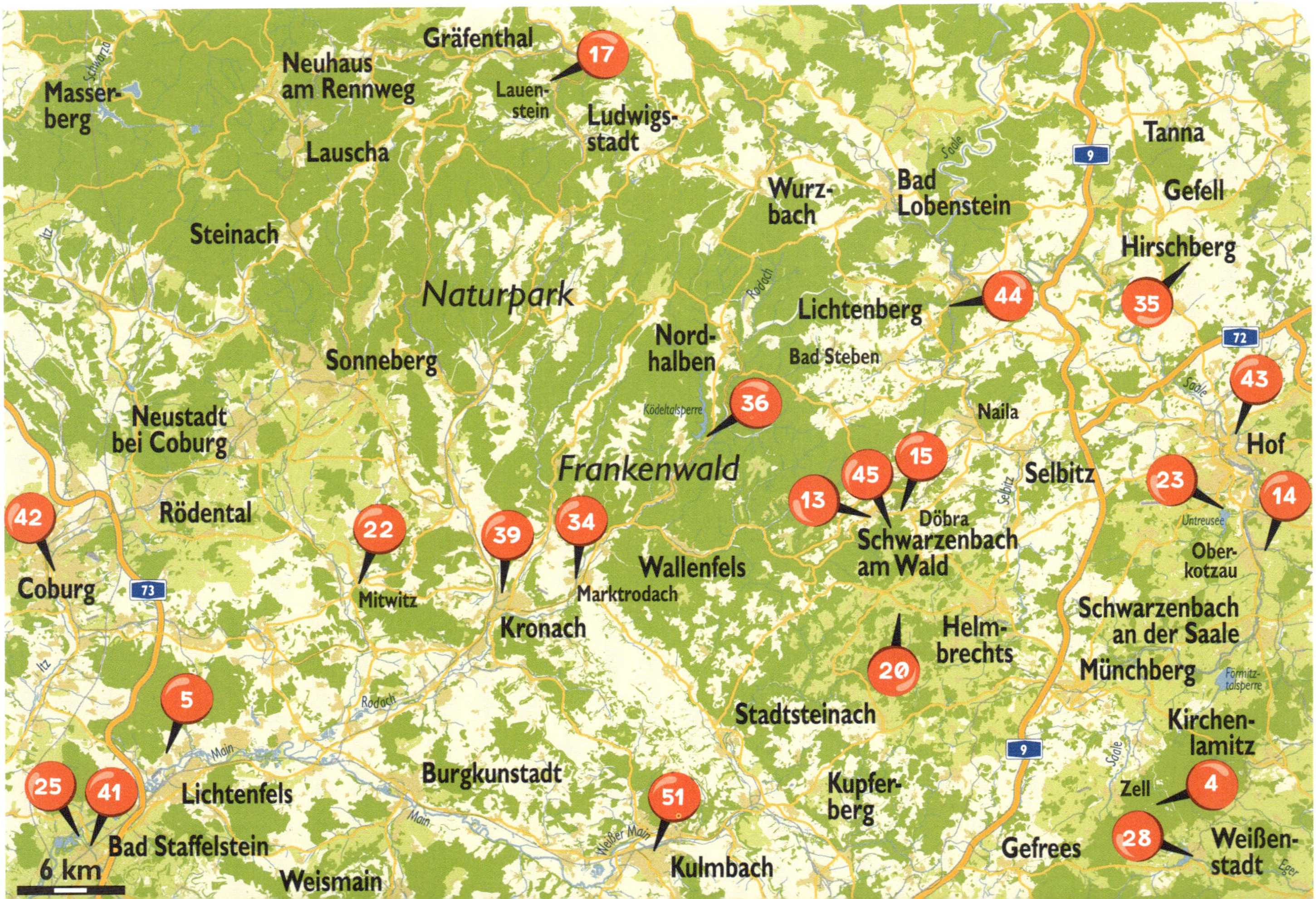
Masser-berg
Neuhaus am Rennweg
Gräfenthal
17
Lauen-stein
Ludwigs-stadt
Lauscha
Tanna
Gefell
Wurz-bach
Bad Lobenstein
Steinach
Hirschberg
Naturpark
44
35
Lichtenberg
Nord-halben
Bad Steben
72
Sonneberg
43
36
Naila
Neustadt bei Coburg
Hof
Frankenwald
15
45
Selbitz
23
14
13
Rödental
42
22
39
34
Döbra
Schwarzenbach am Wald
Ober-kotzau
Coburg
73
Mitwitz
Marktrodach
Wallenfels
Kronach
Schwarzenbach an der Saale
Helm-brechts
Münchberg
20
5
Stadtsteinach
Kirchen-lamitz
9
4
25
41
Lichtenfels
Burgkunstadt
51
Kupfer-berg
Zell
28
Bad Staffelstein
Weißen-stadt
6 km
Weismain
Kulmbach
Gefrees

Kupferberg
Zell
Marktleuthen
Weißenstadt
Weißenstädter See
Eger
Röslau
Kulmbach
Gefrees
Neuenmarkt
Weißer Main
Hegna-brunn
Trebgast
Roter Main
Naturpark
Wunsiedel
Bischofs-grün
Bad Berneck
Tröstau
Fichtelberg
Goldkronach
Warmen-steinach
Mehlmeisel
Nagel
Fichtelgebirge
Weiden-berg
Neusorg im Fichtelgebirge
Donndorf
Bayreuth
Immen-reuth
Kulmain
3 km
51
4
28
46
40
52
29
10
31
9
33
19
11
49
8
18
9
70

NOCH MEHR ESKAPADEN ...

ISBN 978-3-616-11002-8

ISBN 978-3-616-02803-3

ISBN 978-3-7701-8089-9

IMPRESSUM

Reihenkonzept Monique Sorban

Projektmanagement Tamara Siedler

Cover-/Buchgestaltung & Illustrationen Carolin Weidemann, Köln, www.weidemann-design.com

Umschlaggestaltung, Lektorat & Produktion Verlagsbüro Wais & Partner (Beate König, Julia Rietsch, Kai Wieland), Stuttgart, www.wais-und-partner.de

Text & Fotos Barbara Riedel, Bad Soden, www.barbaralicious.com; mit folgenden Ausnahmen: Daniel Alt, Bad Staffelstein (S. 108 o.); Katrin Bachmann, www.beforewedie.de (S. 5, 20, 23, 32, 36 r., 42, 48, 49 l., 53 r., 121, 231 r.); Michaela Baier, www.mitimino-lamas.de (S. 69 l.); Klaus Beer (S. 231 l.); Lauenstein Confiserie (S. 74 u.); Dennis Malburger (S. 103 l.); Familie Scheidler, www.kutschfahrten-scheidler-immenreuth.de (S. 78, 80 u., 81); Maria Zerada, 2022 (S. 184 u. l.); Fotos mit freundlicher Genehmigung: der Bayerischen Schlösserverwaltung, www.schloesser-bayern.de (S. 50–53, S. 74 o., 136–139, 140, 142–143, 178–179, 181, 206); der JVA Ebrach (S. 70–73); des Landratsamtes Kronach (S. 96–97); der Touristinformation Wiesenttal (S. 160–162)

Kartografie © KOMPASS, Innsbruck, unter Verwendung von Kartendaten von © OpenStreetMap-Mitwirkende, Lizenz CC-BY-SA 2.0

Hinweis Alle Informationen wurden mit größtmöglicher Sorgfalt geprüft. Infolge der Corona-Pandemie kann es allerdings zu kurzfristigen Geschäftsschließungen und anderen Änderungen vor Ort gekommen sein.

Printed in Poland

1. Auflage 2023

ISBN 978-3-616-02810-1

www.dumontreise.de

MIX
Paper from responsible sources
FSC® C139602
www.fsc.org

GUT ZU WISSEN …

Weiterlesen

An verschiedenen Stellen können Entdecker Ideen sammeln und sich inspirieren lassen. So zum Beispiel im *O – Das Oberfranken-Magazin*, das auf www.oberfranken.de zum Download steht, oder im *Echt Oberfranken* auf www.echt-oberfranken.de

Geschmacks-sachen

Die Genussregion Oberfranken ist UNESCO-Welterbe. Dazu gehören unter anderem die Bierkultur und die Bierkeller (#24), aber auch die Bärwurz- und diverse Kräuterspezialitäten (#31). Auf Fleischliebhaber warten verschiedene Bratwürste wie die aus Bamberg, Kulmbach oder Kronach (#39) und andere Leckereien.

Ohne Auto

Viele der Eskapaden sind einfach mit Bus und Bahn zu erreichen und unter www.bahn.de planbar. Einige der Orte liegen in den Gebieten des VGN (www.vgn.de). Für den Raum Kronach können Fahrpläne auf der Seite des Landkreises eingesehen werden (www.landkreis-kronach.de unter Wirtschaft und Verkehr). Häufig gibt es vor Ort einen Fahrrad- und manchmal auch E-Bike-Verleih. Unter www.drive-now.com oder www.flinkster.de findet man Carsharing-Standorte.

Sicherheit & Notfälle

Auch mit größter Vorsicht können Gefahrensituationen nicht immer verhindert werden. Im Notfall immer die gebührenfreie zentrale Notrufnummer 112 wählen.

Vor Ort im Netz

Viele Informationen über Oberfranken bietet die Seite Bayern-online (www.bayern-online.de/oberfranken) an. Zahlreiche Infos rund um die Themen Outdoor und Touren in Oberfranken warten auch auf www.fichtel-outdoorer.de

ESKAPADEN-REGISTER …

Alle Orte mit Seitenverweisen

BARBARA RIEDEL

… über die Autorin

Nachdem sechs Jahre lang die Welt ihr Zuhause war, hat sich die Autorin, Bloggerin und Dozentin nun auf ihre Heimat besonnen. Barbara möchte ihren Lesern und Followern die schönen Seiten des Lebens nahebringen: einfach mal nach Feierabend in die Natur, draußen sein, abschalten – und das direkt vor der Haustür. Es muss nicht immer der Ozean sein, wenn das Felsenlabyrinth als Steinmeer um die Ecke liegt. Zwischen Heimatliebe und Fernweh sind die Eskapaden immer auch eine Möglichkeit, in Gedanken zu reisen.

Weitere Tipps zu Ausflugszielen und zum Reisen gibt's auf ihrem Blog www.barbaralicious.com

Glück finden

Eskapade #15: Sie sind flauschig. Sie sind gesellig. Und obwohl sie manchmal spucken, verbreiten sie eine unglaubliche innere Ruhe. Mit einem Lama durch den Wald zu spazieren lässt einen die Welt um sich herum völlig vergessen. So fühlt sich Glück an!

Spaß pur

Eskapade #27: Wenn einen die Strömung erfasst und es im fränkischen Wildwasser stromabwärts geht, kann einem schon mal ein kleiner Freudenschrei entfleuchen. So geht Spaß!

5 BESONDERE EMPFEHLUNGEN ...

Zeitreise

Eskapade #50: Eine Übernachtung auf der Burg Rabenstein entführt einen in die Zeit von Rittern und Burgdamen. Ein Konzert in der Sophienhöhle macht das Abtauchen in eine andere Welt perfekt!

Ungezähmte Natur

Eskapade #10: Im Felsenlabyrinth warten steinerne Giganten, kleine Schluchten und hohe Felsen. Kaum zu glauben, dass die Natur so eine mystische Landschaft hervorbringen kann.

Absolute Stille

Eskapade #45: Wenn es Nacht wird, einen nur das dünne Zeltdach von den Sternen trennt und die Dunkelheit vollkommen ist, ist es plötzlich absolut still. Man ist allein mit der Natur, den Tieren des Waldes und den Bäumen.